Golf von Neapel

Die Autoren

Sabina Kienlechner

Sabina Kienlechner wuchs in Rom auf, studierte deutsche Literaturwissenschaft, Philosophie und Musik an der Universität Freiburg und promovierte dort. Sie lebt als freie Übersetzerin und Autorin, unter anderem von Reisebüchern über Italien, in Rom und Berlin.

Christian Nowak

Christian Nowak ist Mitglied des Büros »Die Reisejournalisten« in Berlin. Seit 30 Jahren reist er immer wieder gern nach Italien, schreibt Reiseführer über das Land, fotografiert und verfasst Artikel für Zeitungen und Magazine.

W0047205

Das System der **POLYGLOTT** Sterne

Auf Ihrer Reise weisen Ihnen die Polyglott-Sterne den Weg zu den bedeutendsten Sehenswürdigkeiten aus Natur und Kultur. Für die Vergabe orientieren sich Autoren und Redaktion am UNESCO-Welterbe.

*** eine Reise wert ** einen Umweg wert * sehr sehenswert

Unsere Preissymbole bedeuten:

Hotel (DZ)		Restaurant (Menü)	
●●●	über 180 €	●●●	über 40 €
●●	90 bis 180 €	●●	20 bis 40 €
●	bis 90 €	●	bis 20 €

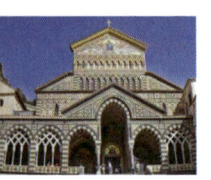

Unterwegs am Golf von Neapel

Überschäumende Lebendigkeit beherrscht die Hauptstadt
Kampaniens, in der die Zeugnisse europäischer Kulturen herrlich miteinander verschmelzen. Weltberühmte Museen, barocke
Pracht und Frömmigkeit und nicht zuletzt die einzigartige Lage
zwischen Golf und Vesuv machen Neapel zu einem Erlebnis.

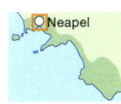

Vulkanismus live erleben in den Brennenden Feldern, den
Campi Flegrei mit ihren Vulkankegeln, Kraterseen und der
dampfenden und brodelnden Solfatara. Reste der untergegangenen Stadt Baia, des einst versunkenen antiken Pozzuoli oder die
sagenumwobene Sibyllengrotte gilt es zu entdecken.

Reiseplanung

Die Reiseregion im Überblick][Die schönsten
Touren][Klima & Reisezeit][Anreise][
Reisen in der Region][Sport & Aktivitäten
][Unterkunft

Die Reiseregion im Überblick

Als die ersten Reisenden aus dem Norden im 19. Jh. die Golfregion für sich entdeckten, waren sie voller Begeisterung für die Schönheiten und Wunder dieses einmaligen Landstrichs. Zu jener Zeit entstand auch der berühmte Spruch: »Neapel sehen und sterben«. Inzwischen hat der neapolitanische Golf vieles von seinem einstigen Zauber verloren. Korruption und ungehemmte Bauspekulation haben ihre unübersehbaren Spuren hinterlassen.

Neapel ist im Laufe der Jahrzehnte ausgeufert, unzählige neue, hässliche Trabantenstädte entstanden in der Hügellandschaft des Golfs. Trotzdem hat die Stadt ihren majestätischen Charakter nicht ganz verloren. Und auch wenn es sich gewiss nicht mehr zu sterben lohnt, um Neapel zu sehen, so ist die Stadt doch immer noch eine Reise wert. Was Neapel nicht genommen werden kann, ist seine einzigartige Lage. Vom Posillipo, dem klassischen Aussichtspunkt Neapels aus gesehen, hat der Golf etwas ewig Ruhendes. Weit öffnen sich die Arme des Golfs, im Norden bis zum Kap von Miseno und darüber hinaus bis zur Insel Ischia, im Süden durch die Sorrentinische Halbinsel begrenzt, der die Isola di Capri vorgelagert ist. Alles überragend und weithin sichtbar, thront der Vesuv.

Doch Neapel liegt nicht nur zu Füßen des Vesuvs, sondern ist rundum von teils noch tätigen Vulkanen umgeben. Am nördlichen Golfrand, also **westlich von Neapel,** breiten sich die Campi Flegrei, die »Brennenden Felder«, aus: Aus zahlreichen Fumarolen emporsteigende Schwefeldämpfe und ein teilweise glühend heißer, hohl klingender Boden zeugen von der noch lebendigen vulkanischen Tätigkeit.

Östlich von Neapel beherrscht wieder der Vesuv die Landschaft. Weithin sichtbar ist sein Kegel, ein schlafender, aber keinesfalls erloschener Riese, der schon häufig für Unheil gesorgt hat. Die versunkenen Städte Herculaneum und Pompeji belegen die Katastrophe aus dem Jahr 79 n. Chr. sehr eindringlich. Und trotzdem kriechen heute Städte und Dörfer immer weiter die Hänge des Vesuvs hinauf, denn hier ist jeder Quadratmeter kostbar.

Die Insel **Capri** ist ihrer geologischen Entstehung nach ein abgesprengter Teil der Halbinsel von Sorrent. Grauweiße Kalkfelsen, von geheimnisvollen Grotten unterhöhlt, steigen hier aus dem Meer auf. Vulkanischen Ursprungs ist hingegen die **Isola d'Ischia** mit ihren unzähligen heilsamen Thermalquellen und dem mächtigen Monte Epomeo. Teils flacher, teils steiler fallen die Hänge zur Küste hin ab. Auf **Procida** kann man noch süditalienische Ursprünglichkeit und Unverfälschtheit erleben. Auch diese Insel ist vulkanischen Ursprungs, jedoch ohne heiße Quellen und Fumarolen. Unzählige Krater und Höhlen verleihen der Küste des nur 4 km langen und 2 km breiten Eilands ihren besonderen Reiz.

Den südlichen Abschluss des Golfo di Napoli bildet die **Halbinsel von Sorrent.** Seit Beginn des Tourismus hat diese Halbinsel die Reisenden verzückt. Wegen der wilden Monte Lattari, die oft fast senkrecht zum Meer abfallen, der malerischen Terrassengärten, der Zitronenplantagen, der Städte hoch über dem Meer und der winzigen Strände, die sich zwischen die Felsen drängen. Steil und buchtenreich ist auch die amalfitanische Küste. Wie durch ein Wunder wurde dieser Küstenstreifen vor der neapolitanischen Bauspekulation bewahrt. Die vielen kleinen Orte entlang der berühmtesten Küstenstraße Italiens haben ihren ländlich-lieblichen Charakter behalten.

Rund 100 km südlich von Neapel beginnt der **Cilento,** ein bis jetzt noch kaum entdecktes Kleinod, das von den großen Touristenströmen und der Bauwut verschont geblieben ist. Entlang der Küste reihen sich ursprüngliche Fischerdörfer, im Landesinneren liegen kleine, teils uralte Orte auf felsigen Hügeln. Die Küste mit feinen Sandstränden, aber auch Buchten, Grotten und bizarr erodierten Felsen lässt ganz automatisch Urlaubsstimmung aufkommen. Im Hinterland, das großteils zum *Parco Nazionale del Cilento e Vallo di Diano* gehört, erstreckt sich eine noch weitgehend unentdeckte Bergwelt.

Der Vesuv thront über der Ruinenstadt Pompeji

Die schönsten Touren

Rund um Neapel (6 Tage)

①— Neapel ❯ Pozzuoli ❯ Procida ❯ Caserta ❯ Pompeji ❯ Herculaneum ❯ Vesuv ❯ Neapel

Distanzen
Neapel ❯ Pozzuoli 18 km; **Pozzuoli ❯ Procida** mit dem Schiff; **Pro-
cida ❯ Pozzuoli** mit dem Schiff; **Pozzuoli ❯ Caserta** 50 km; **Caserta
❯ Pompeji** 55 km; **Pompeji ❯ Herculaneum** 20 km; **Herculaneum
❯ Vesuv** 15 km; **Vesuv ❯ Neapel** 20 km; Gesamtstrecke ca. 180 km

Verkehrsmittel
Diese Rundtour ist sowohl mit dem eigenen Auto als auch mit öffentlichen Verkehrsmitteln machbar. Im ersten Teil ist der Wagen
allerdings eher hinderlich, denn nach Pozzuoli kommt man schnell
und bequem mit den Öffentlichen und eine Mitnahme des Autos
nach Procida lohnt sich nicht. Diejenigen, die ohne eigenen Wagen
unterwegs sind, können sich unter Umständen für den Rest der
Tour einen Mietwagen nehmen.

Durch Neapels Vorstädte geht es am ersten Tag nach ***Pozzuoli** ❯ S. 58
und zu den **Campi Flegrei** ❯ S. 57. Die »Brennenden Felder«, eine Kraterlandschaft mit vulkanischer Aktivität, stecken voller interessanter
Überraschungen. Versäumen Sie es nicht, in den **Solfatara-Krater** mit
seinen brodelnden und zischenden Fumarolen und Schlammtöpfen zu
gehen und sich die Altstadt Pozzuolis, **Rione Terra,** auf dem ehemaligen Akropolishügel anzuschauen.

Anschließend setzen Sie mit der Fähre nach ***Procida** ❯ S. 105 über
und suchen sich am besten gleich ein Quartier für zwei Nächte auf der
Insel. Procida ist zwar die kleinste der Golfinseln, doch den ganzen
nächsten Tag sollte man sich für dieses ruhige Kleinod schon Zeit nehmen. Um durch den malerischen Hauptort zu spazieren, einen Kaffee
im Fischerhafen zu trinken und zum Kastell hinaufzusteigen.

Zurück auf dem Festland geht es nach **Caserta** ❯ S. 53, einer modernen, nicht unbedingt schönen Stadt 35 km nördlich von Neapel, die
aber mit einer besonderen Sehenswürdigkeit lockt: dem monumentalen
Palazzo Reale mit seinem weitläufigen ***Schlosspark. Der bourbo-
nische Königspalast wurde nach dem Vorbild von Versailles erbaut.

Am vierten Tag steht die Besichtigung der Ausgrabungen von ***Pompeji › S. 73 und am darauffolgenden Tag der Ruinenstadt ***Herculaneum › S. 70 auf dem Programm. Nach den versunkenen Städten am **Vesuv › S. 68, den größten Sehenswürdigkeiten Italiens, folgt am letzten Tag ein Blick in den Krater des schlafenden Vulkans. Für den Ausflug zum Gipfel sollte man sich den ganzen Tag Zeit lassen, denn im Parco Nazionale del Vesuvio gibt es neben der Gipfeltour noch viele schöne weitere Wanderwege.

Verträumte Winkel auf Procida

Von Neapel in den Cilento (8 Tage)

— ② — Neapel › Sorrento › Positano › Amalfi › Paestum › Vietri sul Mare › Agrópoli › Marina di Casal Velino

Distanzen
Neapel › Sorrento 50 km; Sorrento › Positano 15 km; Positano › Amalfi 15 km; Amalfi › Paestum 75 km; Paestum › Marina di Casal Velino 45 km; Gesamtstrecke ca. 200 km

Verkehrsmittel
Wer mit dem Auto unterwegs ist, kann problemlos Umwege und Abstecher einstreuen. Etwas schwierig und recht teuer ist es jedoch, speziell in Amalfi und Positano den Wagen zu parken. In der Hauptsaison geht es auf der Amalfitana an Wochenenden oft nur im Schritttempo vorwärts. Mit öffentlichen Verkehrsmitteln sollte man für die Tour ein oder zwei Tage länger einplanen, da man recht häufig umsteigen muss. Eine Alternative bildet die Metrò del Mare, mit der alle Orte dieser Tour erreichbar sind. Allerdings ist eine gute Planung unerlässlich, denn einige Orte werden von den Schiffen nur ein-bis zweimal täglich angelaufen.

Mit dem Wagen verlässt man Neapel am besten auf der Autobahn in östlicher Richtung und fährt den Vesuv im Blick über ***Herculaneum › S. 70, ***Pompeji › S. 73 und Castellammare di Stabia nach

*Sorrento ❯ S. 111. Ein nicht ganz billiges, aber lohnendes Vergnügen ist eine Übernachtung in einem der alten Grandhotels, die oft direkt am Meer liegen. Am nächsten Tag sollte man in Ruhe durch die Altstadt von Sorrento schlendern, die **Sedile Dominova** und das ***Museo Correale di Terranova** besuchen und immer wieder einen Blick auf das Meer und die Steilküste werfen.

Am dritten Tag geht es auf der berühmten ***Amalfitana** in die nicht minder berühmten Orte ****Positano** ❯ S. 114 mit malerischer Küstenarchitektur und ins hübsche **Amalfi** ❯ S. 117, wo man sich für mindestens zwei Tage ein Quartier suchen sollte. Denn nur so bleibt genügend Muße, sich die wunderschönen Städtchen anzuschauen, die sich die steilen Berghänge hinaufziehen, oder die eine oder andere Wanderung zu unternehmen. Danach geht es weiter auf der Amalfitana bis nach **Vietri sul Mare** ❯ S. 123, das in erster Linie von der Herstellung bunter Keramikprodukte lebt. Über Salerno und die Seleebene gelangt man nach *****Paestum** ❯ S. 130. Die Ruinen der Tempelstadt, die sich harmonisch in die Landschaft einfügen, verdienen einige Stunden Aufenthalt. Am letzten Tag führt die Fahrt schließlich von Paestum in den ersten Cilento-Ort **Agrópoli** ❯ S. 133, der von schönen Stränden umgeben ist. Weiter geht es auf der kurvenreichen Küstenstraße über Santa Maria di Castellabate und Acciaroli nach **Marina di Casal Velino** ❯ S. 134, einen ruhigen Badeort mit langem Sandstrand.

Touren in der Region

Touren	Region	Dauer	Seite
Von der Spaccanapoli zu den Museen	Neapel	1 Tag	40
Vom Castel Nuovo zum Castel dell'Ovo	Neapel	1 Tag	47
Von Pozzuoli nach Cumae	Westlich von Neapel	2 Tage	57
Zu den Ausgrabungen am Vesuv	Östlich von Neapel	2 Tage	66
Rund um den Vesuv	Östlich von Neapel	2 Tage	68
Capris Schönheiten	Capri	2 Tage	84
Inselrundtour Ischia	Ischia	2 Tage	85
Die Amalfitana	Halbinsel von Sorrent	2 Tage	108
Von Sorrento nach Castellammare di Stabia	Halbinsel von Sorrent	2 Tage	110
Die nördliche Cilentoküste	Der Cilento	2 Tage	127
Die südliche Cilentoküste	Der Cilento	2 Tage	129

Klima und Reisezeit

Im Golf von Neapel herrscht das typisch mediterrane Klima mit milden Wintern und trockenen, heißen Sommern. Obwohl die Sonne oft monatelang ununterbrochen vom Himmel scheint, wird es dank der frischen Meeresbrise nur selten extrem heiß. Das berühmte stabile Mittelmeerhoch dauert meist von Ende Juni bis Ende August. Die größten Niederschläge fallen im November und Februar/März. Dezember und Januar sind häufig eher trockene Monate.

Im Juli und August strömen die Italiener ans Meer. Dann sind die Küsten und die Inseln entsprechend überlaufen, die Preise im absoluten Hoch. Dichter Reiseverkehr herrscht gewöhnlich auch zur Osterzeit. Als ideale Reisezeit bieten sich Mitte Mai bis Ende Juni sowie September bis Mitte Oktober an.

Kunstreisende kommen auch im Winter auf ihre Kosten, wenn die Museen, Galerien und archäologischen Stätten wenig besucht sind. Allerdings muss in dieser Zeit mit einer eingeschränkten Hotel- und Restaurantauswahl gerechnet werden.

‼ Wer im Winter nach Süditalien reist, sollte trotz Mittelmeerklima reichlich warme Pullover und Jacke sowie Strümpfe einpacken. Die meisten Häuser am Golf sind gar nicht oder nur sehr spärlich beheizt.

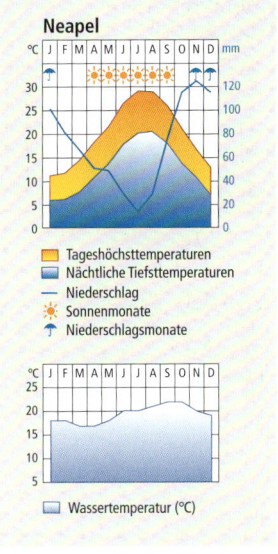

Anreise

Mit der Bahn

Von Deutschland, Österreich und der Schweiz gibt es täglich Bahnverbindungen nach Neapel, meist über Florenz. Weitere Züge enden in Rom, von wo stündlich Schnellzugverbindungen nach Neapel bestehen (Rom–Neapel ca. 2 Std. Fahrt).

Bei den regelmäßig verkehrenden **Nachtzügen** empfiehlt sich eine rechtzeitige Platzreservierung im Liege- oder Schlafwagen (www.bahn.de). Eine günstige Verbindung ist der Nachtzug *CityNightLine,* der von München über Österreich nach Florenz fährt, dort Umsteigen nach Neapel (München–Neapel ca. 13. Std.). Von Wien geht es mit dem *Euro-Night* ebenfalls nach Florenz und weiter nach Neapel oder Salerno. Aus der Schweiz geht die Reise z.B. von Zürich über Florenz, Mailand oder Rom nach Neapel. Mietwagen können etwa in Neapel, Salerno oder Sorrento genommen werden.

Familienausflug auf Neapolita-
nisch: die Motorini gehören dazu

Mit dem Auto

Die A 1 verbindet Neapel mit dem internationalen Autobahnnetz. Die italienischen Autobahnen sind gebührenpflichtig, nur die Strecke Salerno–Reggio Calabria kann kostenlos befahren werden. Auf Capri ist Autofahren für Touristen in der Saison verboten. Nach Ischia und Procida können Pkws mitgenommen werden.

Mit dem Flugzeug

Der **Aeroporto Napoli-Capodichino** (www.gesac.it), 7 km nördlich von Neapel, wird von Lufthansa ab München und Frankfurt direkt angeflogen, von Alitalia meist mit Zwischenstopp in Rom oder Mailand. Hinzu kommen Direktflüge von Billigfliegern wie Easyjet ab Berlin oder TUIfly von diversen deutschen Städten nach Neapel sowie weitere ab Wien und Graz bzw. Zürich und Genf.

Die **Busse Alibus** (Ticket im Bus, 3 €) und der **ANM-Stadtbus 3S** (Unico Napoli-Ticket am Kiosk, 1 €) verkehren zwischen 6 und 23 Uhr halbstündlich bzw. im 15-Minuten-Takt, zwischen dem Flughafen Capodichino und dem Stadtzentrum. Haltestellen im Zentrum: Piazza Garibaldi und Piazza Municipio (Infos, Fahrpläne: www.anm.it unter dem Link »servizio aeroporto«).

Der Preis für eine **Taxifahrt** ins Stadtzentrum (20–35 Min.) beträgt ca. 10–12 €.

Reisen in der Region

Mit dem Auto

In Neapel ist der eigene Wagen nur eine Belastung. Der Verkehr ist chaotisch und einen Parkplatz bekommt man sowieso nicht. Zudem sind größere und kleinere Parkschäden, um die sich hier niemand kümmert, an der Tagesordnung. Wer also mit dem eigenen Auto anreist, sollte sich als Erstes einen bewachten Parkplatz suchen.

Außerhalb von Neapel ist die Situation schon viel entspannter, wenn man sich an die doch sehr freizügige Auslegung der Straßenverkehrsordnung gewöhnt hat (Verkehrsregeln › S. 138). Für Ausflüge in die Umgebung stehen z.B. die Mietwagenagenturen am Flughafen Napoli-Capodichino (www.gesac.it) zur Verfügung.

Mit der Bahn

Neapel besitzt drei Bahnhöfe, die **Stazione Centrale** an der Piazza Garibaldi, **Mergellina** am Hafen und **Campi Flegrei** in Fuorigrotta. Fahrten entlang der Küste von Pozzuoli bis Castellammare di Stabia und weiter bis Salerno sind kein Problem. Zur Besichtigung von Pompeji und Herculaneum bietet sich die Regionalbahn **Circumvesuviana** an, die vom Hauptbahnhof in Neapel abfährt (www.vesuviana.it).

Mit dem Schiff

Die **Metrò del Mare** ist eine Schnellbootverbindung entlang der gesamten Golfküste von Bacoli bis Sapri. Gegenwärtig gibt es sieben verschiedene Linien, Infos unter www.metrodelmare.net.

Sowohl **Tragflügelboote** *(Aliscafi)* als auch normale **Fähren** *(Traghetti)* fahren ganzjährig regelmäßig, im Sommer mindestens stündlich ab Neapel (Molo Beverello) zu den Inseln Capri, Ischia und Procida. Von Pozzuoli gehen ebenfalls Schiffe nach Ischia und Procida. Die beiden wichtigsten Fährgesellschaften sind **Caremar** (www.caremar.it) und **SNAV** (www.snav.it).

Öffentlicher Nahverkehr

Der öffentliche Nahverkehr in Neapel ist sehr gut ausgebaut, auch in die umliegenden Orte gelangt man problemlos mit dem Bus. Besonders stressfrei ist die Fahrt mit Neapels Metro. Details zum Nahverkehr in Neapel ❯ S. 50.

Sport und Aktivitäten

Die Golfregion ermöglicht eine Fülle von sehr unterschiedlichen Aktivitäten. Neben Kunst- und Kulturgenuss bietet sie sinnliches Erleben von Vulkanismus sowie Erholung im Kur- und Schönheitsurlaub auf Ischia. Aber auch zu vielseitigen sportlichen Aktivitäten laden Land und Meer ein, etwa auf der Halbinsel von Sorrent ❯ Special S. 124.

Baden

Die Küsten der Golfregion sind nur stellenweise ideales Badegebiet. Dazu gehören besonders die sandigen oder feinkiesigen Strände von Ischia und die gesamte Küste des Cilento mit herrlichen Sandstränden. Die Insel Capri sowie die Amalfiküste bieten nur beschränkt Bademöglichkeiten in Form von meist sehr kleinen und felsigen Badebuchten, die oft nur über eine Unzahl von Treppenstufen zu erreichen sind. In Neapel wurde inzwischen das Badeverbot offiziell aufgehoben. Die blaue Flagge für gute Wasserqualität wehte 2011 über den Stränden von Massa Lubrense und Positano sowie zehn weiteren Stränden im Cilento (www.bandierablu.org).

Aufstieg zum Krater des Vesuvs

Tauchen

Die Küsten vor der Punta Campanella (Halbinsel von Sorrent), die Gewässer vor Amalfi und um Capo Palinuro mit ihren zahlreichen Grotten und der üppigen submarinen Flora und Fauna sind **ein Dorado für Taucher.** Auch die Gewässer um Ischia bieten schöne Tauchgründe.

Professionelle Tauchbasen gibt es z.B. am Hafen von Ischia Porto, in Pozzuoli oder in Palinuro. Exkursionen mit dem Boot vermitteln die Infobüros vor Ort.

Segeln und Surfen

In vielen Küstenorten werden Se-
gelboote und Surfbretter verliehen. Schulen für diese Sportarten
gibt es jedoch nur vereinzelt. Die
wichtigsten Häfen für Segler sind
Neapel, Amalfi und Positano.
Weitere Auskünfte erteilen die lo-
kalen Touristenbüros.

Thermalkuren

Infos über die Kurmöglichkeiten
auf Ischia erhält man unter www.
terme.ischia.it oder bei der
A.A.S.T.
Via Sogliuzzo 72][80077 Ischia
Tel. 08 15 07 42 11][www.info
ischiaprocida.it

Kurfreuden auf Ischia: im Thermalpark der Poseidon-Gärten

Reiten

Am Golf von Neapel und im Cilento bieten diverse Agriturismi und
Reitclubs Pferdeexkursionen an (Adressen: www.turismoequestre.com,
Menüpunkt »Campania«). Auf Ischia organisiert Aragona Arabians
Trekkingtouren auf Reitpferden, die an die steilen Wege gewöhnt sind
(Kontakt: www.aragonaarabiansonlus.com; auch über A.A.S.T. , s.o.).

Fußball

Ein besonderes Sportereignis ist ein Heimspiel des zur Saison 2007/2008
wieder in die Seria A aufgestiegenen SSC Neapel im Stadio San Paolo.
Rechtzeitig Karten reservieren (auch online möglich)!
Azzurro Service
Via F. Galeota 19, Fuorigrotta][Tel. 08 15 93 40 01][www.azzurroservice.net
Anfahrt: FS »Cumana« »Mostra«, Metro 2 bzw. Bus 152 »Campi Flegrei«.

Gleitschirmfliegen

Traumreviere für Gleitschirmflieger sind Positano und Paestum.
A.A.S.T. Positano
Via del Saracino 4][Tel. 0 89 87 50 67][www.aziendaturismopositano.it

Wandern

Die Golfregion und der Cilento abseits der Küste sind ==herrliche Wan-
dergebiete,== erfordern aber wegen der steilen Hänge etwas Kondition.
Die Wege sind meist gut begehbar. Solides Schuhwerk, entsprechende
Kleidung und genug Trinkwasser im Wanderrucksack sind unbedingt

notwendig. Wanderkarten gibt es an den Zeitungskiosken und in Buchhandlungen. Karten, Informationen und auch Schnupperwanderungen für Gäste bietet der Italienische Alpenverein (CAI) an.

■ **CAI Napoli**
Via Trinità degli Spagnoli 41][80132 Napoli
Tel. 0 81 41 76 33][www.cainapoli.it
■ **CAI Salerno**
Via Porta di Mare][Tel. 0 89 25 27 88][84121 Salerno][www.caisalerno.it

Unterkunft

Jedes Frühjahr veröffentlicht die E.P.T. Napoli ❯ S. 50 ein vollständiges Unterkunftsverzeichnis mit aktuellen Preisen. Der früher geäußerte Rat, Quartier am besten außerhalb Neapels zu beziehen, gilt nicht mehr uneingeschränkt. Zwar ist das Bettenangebot im Vergleich zu anderen italienischen Metropolen immer noch relativ gering, doch ergänzen seit einigen Jahren gute Mittelklassehotels, B&Bs und Backpacker-Hostels das Übernachtungsangebot.

Auf den Inseln, auf der Halbinsel von Sorrent und an der Amalfitana gibt es traditionell eine eher gehobene Hotellerie. Anders als in Neapel schließen hier viele Häuser über den Winter. **Im Cilento gibt es ein vielfältiges Unterkunftsangebot in Agriturismo-Betrieben** ❯ S. 136 und Ferienwohnungen.

Echt gut!

Legendärer Blick von der Villa Cimbrone, heute ein Luxushotel

Hotels

Die offizielle Einteilung der Hotels in Italien in fünf Kategorien von 1 bis 5 Sternen sagt wenig über Zustand, Charme oder Service aus. Im Juli und August liegen die Preise am höchsten, zudem besteht dann oft Pflicht zur Vollpension. Trotzdem sind in dieser Zeit die meisten Hotels schon frühzeitig ausgebucht.

Jugendherbergen

Internationale Jugendherbergen gibt es in Agerola, Agrópoli-Paestum, Cava de' Tirreni, Ischia, Neapel, Pompeji und Salerno. Ein internationaler Jugendherbergsausweis ist erforderlich. Online-Buchung, Auskunft und Adressen bei der

Associazione Italiana Alberghi per la Gioventù
Salita della Grotta 23][80122 Napoli][www.aighostels.com od.
www.hihostels.com

Camping

Am Golf gibt es einige schöne Plätze bei Sorrent und auf der Insel Ischia. Auf Capri ist campen verboten. Onlineverzeichnis des italienischen Campingverbands: www.camping.it

Bed & Breakfast

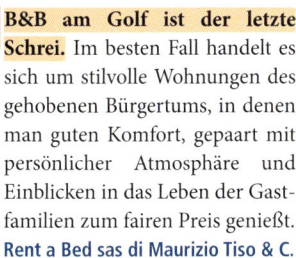

B&B am Golf ist der letzte Schrei. Im besten Fall handelt es sich um stilvolle Wohnungen des gehobenen Bürgertums, in denen man guten Komfort, gepaart mit persönlicher Atmosphäre und Einblicken in das Leben der Gastfamilien zum fairen Preis genießt.

Rent a Bed sas di Maurizio Tiso & C.
Via Marino e Cotronei 10
80128 Napoli][Tel. 0 81 41 77 21
www.rentabed.it
Büro: Mo–Fr 10–18 Uhr, auch Online-Vermittlung von Privatzimmern und B&Bs in Neapel und Umgebung.

Agriturismo

Als *Agriturismi* bezeichnet man in Italien Landwirtschaftsbetriebe, die Urlaub auf dem Bauernhof anbieten. Die Produkte des Hofs werden zum Großteil für die Bewirtung der Gäste verwendet, sind typisch für die Region und in der Regel von hoher Qualität. Diese Form der Unterkunft mit Verpflegung ist vor allem bei Familien mit Kindern beliebt. Auf den Inseln selbst ist *Agriturismo* weniger üblich. Infos und Buchungen unter www.agriturist.it oder www.italimar.com

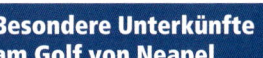
Besondere Unterkünfte am Golf von Neapel

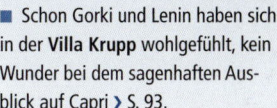

■ Schon Gorki und Lenin haben sich in der **Villa Krupp** wohlgefühlt, kein Wunder bei dem sagenhaften Ausblick auf Capri ❯ S. 93.

■ Nur zehn Zimmer mit herrlicher Aussicht hat der Adelspalast **Casa sul Mare** aus dem 18. Jh. auf der Insel Procida ❯ S. 106.

■ Das **Excelsior Vittoria** in Sorrento ist ein opulent ausgestattetes Grandhotel mit dem Charme längst vergangener Zeiten ❯ S. 112.

■ Einst war das **Luna Convento** in Amalfi ein Kloster, der Kreuzgang und die etwas spartanischen Zimmer erinnern noch daran ❯ S. 118.

■ Einen unvergesslichen Panoramablick über die Costa Amalfitana bietet die Ferienwohnung **Casa Rossa** in Ravello ❯ S. 121.

■ Eine unübertroffene Herzlichkeit und lokale Köstlichkeiten in Hülle und Fülle begeistern im **Agriturismo Il Mulino** im Cilento ❯ S. 137.

■ Das Feriendomizil **La Torre** im Cilento (Marina di Casal Velino) ist in einem alten Sarazenenturm untergebracht, traumhafter Meerblick. Buchung z.B. über www.italimar.com

Special

Unterwegs mit Kindern

Italien gilt nach wie vor als Inbegriff einer kinderliebenden Gesellschaft. Wer mit Kindern unterwegs ist, kann also mit viel Verständnis rechnen und sich zudem über sehr günstige Eintrittspreise freuen, denn in die meisten Museen dürfen Kinder und Jugendliche bis zum 18. Lebensjahr kostenlos hinein.

Neapel mit Kindern? Auch das ist kein Problem. Kommen Sie möglichst an einem Sonntag und beginnen Sie Ihre Stadtbesichtigung mit einem entspannten Spaziergang über die an diesem Tag für den Autoverkehr gesperrte Uferpromenade **Lungomare Caracciolo**. In der größten Grünanlage der Stadt, der Villa Comunale, drängt sich ein Besuch des **Aquariums** › S. 50 förmlich auf. Sind die Kinder schon etwas größer, finden sie sicher den Ausflug in die Unterwelt Neapels interessant › S. 46. An Wochentagen ist die bunte Krippenbauer-Straße **Via San Gregorio Armeno** ein Highlight › S. 44. Spannende Ausflüge führen z.B. zum **Krater des Vesuvs** › S. 68 und zu den dampfenden Schlammfeldern von **Pozzuoli** › S. 58.

Außerhalb von Neapel ist es noch viel leichter, die Kleinen bei Laune zu halten, die Blaue Grotte auf **Capri** › S. 91, die Grotta di Smeraldo an der **Amalfiküste** › S. 116 oder die Blaue Grotte von **Palinuro** › S. 135 sind in jedem Fall spannende Ausflugsziele.

Bedingt geeignet für einen Badeurlaub ist die Insel **Ischia** mit einigen schönen Stränden. Die zahlreichen Thermalgärten sind zwar großzügig angelegt mit vielen verschiedenen Pools, sind aber oft mehr Kureinrichtungen mit therapeutischen Anwendungen als Spaßbäder. Ideal für einen Badeurlaub auch mit kleinen Kindern ist der **Cilento** › S. 126 mit seinen herrlichen Sandstränden und dem sauberen Wasser, an den felsigen Abschnitten lässt es sich hervorragend schnorcheln.

Urlaub auf dem Bauernhof

Äußerst kinderfreundlich sind auch viele **Agriturismo-Betriebe** ❯ S. 19, hier können die Kinder nicht nur nach Herzenslust herumtoben, sondern oft auch zuschauen, wie Olivenöl und Käse entstehen, sie können beim Brot backen oder der Pastaherstellung zuschauen und natürlich auch die Tiere füttern. Langeweile kann hier gar nicht erst aufkommen.

Freizeitparks

Auch in Neapel und Umgebung erfreuen sich Freizeitparks größter Beliebtheit. **Edenlandia,** der klassische Vergnügungspark im Westen Neapels, lockt mit Fahrgeschäften, Spielanimationen und Restaurants viele Besucher an.

Der **Parco Acquatico Valle dell'Orso,** ein großes Spaßbad in Torre del Greco am Fuße des Vesuvs, wartet mit verschiedenen Schwimmbecken, teils mit Wellen, Wasserrutschen, Animation, Spielplatz, Gokartbahn und Restaurant auf. Eingebettet in eine gepflegte, grüne Landschaft bietet er genug Spaß und Abwechslung für einen ganzen Tag.

Einer der größten Vergnügungsparks in Süditalien ist **Magic World,** 15 km nordwestlich von Neapel. Der Besuch lohnt für Kinder jeden Alters, auch die Erwachsenen kommen auf ihre Kos-

ten. Geboten werden neben rund 25 Kirmesattraktionen ein weitläufiger Wasserpark mit mehreren Schwimmbädern und Rutschen, Restaurants und Picknickplätze.

■ **Edenlandia**
Viale Kennedy 75][**Napoli**
Tel. 08 12 39 40 90
www.edenlandia.it
April–Juni u. 2. Hälfte Sept. Di–Fr 15–21, Sa, So 10.30–24, Juli und 1. Hälfte Sept. Di–Sa 17–24, So 10.30–24, Aug. tgl. 17–24, Mitte Aug. ab 10.30 Uhr, sonst nur Sa, So.

■ **Parco Acquatico Valle dell'Orso**
Via Giovanni XXIII 54
Torre del Greco][**www.valleorso.it**
Ende Mai–Mitte Sept. tgl. 9–18 Uhr.

■ **Magic World**
Via S. Nullo][**Giugliano**
Località Masseria Vecchia
Tel. 08 18 04 71 22
www.magicworld.it
Ende Mai–Anf. Sept. Wasserpark 10–18.30, Unterhaltungspark 17.30–23, sonst Unterhaltungspark Sa 16–23, So 10–23 Uhr

Im Museum

Im **Museo Nazionale Ferroviario di Pietrarsa** sind alte Lokomotiven, Waggons und Modelleisenbahnen zu bestaunen (Via Pietrarsa, Portici, z.Zt. wegen Renovierung geschl., aktuelle Infos unter Tel. 08 15 67 21 77). Das moderne Wissenschaftszentrum **Museo Vivo di Città della Scienza** am westlichen Stadtrand Neapels lockt mit interaktiven Experimenten (Via Coroglio 104, Neapel, Di–Sa 9–17, März–Mai auch Mo), So 10–19 Uhr, im Sommer längere Öffnungszeiten).

Land & Leute

Steckbrief][Geschichte im Überblick][
Natur und Umwelt][Die Menschen][Kunst
und Kultur][Feste und Veranstaltungen
][Essen und Trinken][Shopping

Golf von Neapel

Einwohner: Kampanien ca. 5,8 Mio., Neapel ca. 1 Mio., Ischia ca. 60 000, Capri ca. 15 000

Region: Kampanien mit 13 595 km²
Fläche: Provinz Neapel mit 1171 km²
Inseln: Ischia (46,4 km²); Capri (10,4 km²); Procida (4 km²). Alle drei Inseln gehören zur Provinz Neapel.
Höchste Erhebungen: Monte Miletto (2050 m), Monte Gelbison (1730 m), Monte Vesuv, mit Doppelgipfel Monte Vesuvio (1277 m) und Monte Somma (1132 m).

Wirtschaft: Stahlproduktion, Maschinenbau, Auto, Chemie, Werft, Textil, Nahrungsmittel, Tourismus.
Landesvorwahl: 00 39
Währung: Euro
Zeitzone: MEZ

Lage und Landschaft

Die Region Kampanien besteht aus den Provinzen Avellino, Benevento, Caserta, Neapel und Salerno. Sie liegt an der Westküste Italiens, erstreckt sich über etwa 13 600 km² und hat rund 5,8 Mio. Einwohner. Damit gehört sie zu den bevölkerungsreichsten Gebieten Italiens, wobei die Bevölkerungsdichte sehr unterschiedlich verteilt ist. Während der Ballungsraum rund um Neapel zu den am dichtesten besiedelten Gebieten Europas zählt, gibt es im Nationalpark Cilento noch viel Platz für unberührte Natur.

Schon im 8. Jh. v. Chr. gründeten die Griechen im heutigen Kampanien erste Kolonien, später entwickelten sich unter dem Einfluss der Römer blühende Städte. Es waren auch die Römer, die der fruchtbaren Region ihren Namen »Campania felix«, glückliche Landschaft, gaben. Noch heute gibt es in ganz Kampanien zahlreiche Spuren der langen Besiedlung und so kann sich kaum ein Besucher der Einzigartigkeit der archäologischen Schätze von Herculaneum, Pompeji und Paestum entziehen. Doch den Reiz Kampaniens machen nicht nur die

Kunst- und Kulturschätze aus, auch die Landschaft hat einige Höhepunkte zu bieten: die spektakuläre Küste der Sorrentinischen Halbinsel, den Vesuv oder den Nationalpark Cilento.

Wo immer man auch ist, zum Schönsten einer Kampanien-Reise gehört der Blick auf den sanft geschwungenen Bogen des Golfs von Neapel. Denn aus der Vogelperspektive besitzt selbst das Häusermeer Neapels seinen Reiz, am Horizont der mächtige Vulkankegel des Vesuvs, im Dunst des Golfs die Inseln Capri, Ischia und Procida. Ein Stück weiter südlich, auf der Halbinsel von Sorrent, erheben sich die Bergketten der Monti Lattari zu imposanter Höhe, hier liegt die »Göttliche Küste« von Amalfi mit ihren Zitrusterrassen und den übereinandergestapelten Häusern von Amalfi und Positano, seit jeher eines der Traumziele Italiens.

Wirtschaft

Die Wirtschaftslage der Golfregion ist alles andere als rosig. In der näheren Umgebung Neapels existieren nur wenige industrielle Großkonzerne, die nur deshalb überlebt haben, weil sie von der römischen Regierung kräftig subventioniert wurden. Etwa 20 % der Bevölkerung sind offiziell arbeitslos, doch ist diese Zahl sicher weit entfernt von der Wirklichkeit. Dennoch arbeiten in Neapel mehr Menschen als anderswo, sogar Kinder, Jugendliche, Greise, die ihr Brot in der Schattenwirtschaft verdienen. In Hinterhöfen und Kellern der Stadt produzieren illegale kleine Fabriken Schuhe, Taschen, Herrenhemden, Handschuhe, Bettwäsche, Verpackungsmaterial, Schmuck und gefärbte Stoffe. Von der Großmutter bis zum heranwachsenden Enkel arbeiten alle mit. Geregelt wird die Schwarzarbeit von einem *gruppista*, meist ein Mittelsmann der Camorra. Er stellt Maschinen und Material bereit, verteilt Aufträge und auch die Löhne. Bezahlt wird nicht die Arbeitszeit, sondern ein erbärmlicher Stücklohn. Abnehmer der fertigen Ware sind nicht selten namhafte Firmen in Norditalien wie Schuhhersteller.

Noch immer trennt eine Kluft – etwa in der Höhe von Rom – die Republik in einen reichen Norden und einen armen Süden. Bereits 2007 kündigte die damalige Regierung Prodi an, 100 Mrd. Euro Strukturhilfe bis 2013 in den Süden zu investieren und die Anti-Mafia- und Korruptionspolitik voranzutreiben. Die Umsetzung bleibt jedoch weiter schleppend.

Neapel und der Müll

Regelmäßig für Schlagzeilen sorgt Neapels »Müllnotstand«. Da die Deponien chronisch überlastet sind und die Entsorgung als lukratives Geschäft z.T. in Händen der Camorra liegt, eskaliert die Lage öfters. Unrat brennt in den Straßen, der Neubau einer Deponie nahe des Vesuvs stößt auf heftigen Widerstand und der Müll wird z.T. in andere Regionen und ins Ausland exportiert.

Geschichte im Überblick

Um 700 v. Chr. Griechen wandern in Sizilien und Unteritalien ein. Sie gründen die Stadt Cumae und im 6. Jh. v. Chr. die Stadt Neapolis.

Um 340 v. Chr. Neapel wird von Rom nach dreijähriger Belagerung besiegt, behält aber die griechische Sprache und Verfassung.

Um 90 v. Chr. Die Römer verwandeln die Golfregion in eine privilegierte Villengegend und ein Zentrum griechisch-lateinischer Kultur.

79 n. Chr. Erster historisch bekannter Vesuv-Ausbruch; Pompeji und Herculaneum werden verschüttet.

476 Untergang Westroms.

536 Neapel fällt unter byzantinische Herrschaft.

763 Stephan II. gründet das langobardische Herzogtum Neapel.

1139 Roger II. erobert Neapel und gliedert es in sein normannisch-sizilianisches Königreich ein.

1194 Der Staufer Heinrich VI. übernimmt das Normannenreich.

1215–1250 Kaiser Friedrich II. regiert von Apulien aus das normannisch-staufische Erbe.

1224 Gründung der ersten weltlichen Universität in Neapel durch Friedrich II.

1265 Papst Klemens IV. belehnt den Franzosen Karl von Anjou mit dem Königreich Sizilien.

1267 Die Hinrichtung des Staufers Konradin durch Karl von Anjou besiegelt den Untergang des normannisch-staufischen Reiches. Neapel wird Hauptstadt.

1282 Nach der »Sizilianische Vesper«, ein Bürgeraufstand gegen die Anjou-Herrschaft, wird Siziliens von Neapel abgespalten und fällt an die Aragonesen.

1442 Alfons V. von Aragon erobert Neapel, vereinigt es wieder mit dem sizilianischen Königreich. Spanische Vizekönige regieren.

17. Jh. Katastrophenjahre in Neapel: 1624 Hungersnot; 1631 Vesuvausbruch; 1647 blutiger Fischeraufstand (»Masaniello-Revolte«); 1656 Pestwelle; 1688 Erdbeben.

1712–1735 Infolge des Spanischen Erbfolgekriegs gerät Neapel unter Habsburger-Herrschaft.

1735 Neapel und das süditalienische Königreich fallen an die spanische Linie der Bourbonen.

1806 Napoleon besetzt die Stadt und ernennt seinen Schwager Joachim Murat zum Vizekönig.

1815 Bourbonen herrschen wieder über Neapel und das »Königreich beider Sizilien« bis zum Einzug von Garibaldis Truppen (7. September 1860).

1861 Eingliederung Neapels in das neue Königreich Italien.

1944 Luftangriffe und der Vesuvausbruch erschüttern Neapel.

1980 Ein Erdbeben im Hinterland Neapels beschädigt auch die Stadt.

1994 Weltwirtschaftsgipfel und UN-Weltkonferenz über organisiertes Verbrechen in Neapel.
2000 Antonio Bassolino, Bürgermeister Neapels, wird zum Präsidenten Kampaniens gewählt.
2001/2006 Rosa Russo Jervolino (Partito Democratico) führt das Mitte-Links-Bündnis im Stadtrat fort und wird 2006 als Bürgermeisterin von Neapel bestätigt.
2008 Die Region Kampanien startet ein Projekt zum Erhalt der Phlegräischen Felder. Silvio Berlusconi wird nach vorgezogenen Wahlen erneut Ministerpräsident.
2011 Bei den Kommunalwahlen verliert Rosa Russo Jervolino u.a. wegen des ungelösten Müllnotstands, der Liberale Luigi de Magistris wird Bürgermeister von Neapel. Ministerpräsident Berlus-

Hahnenkampfmosaik aus Pompeji

coni tritt zurück, Nachfolger wird der Ökonom Mario Monti.
2012 Landesweite Proteste gegen den Sparkurs der Regierung Monti in der EU-Finanzkrise. Die EU-Kommission stellt 105 Mio. Euro zur Sanierung der Welterbestätte Pompeji bereit.

Naturkatastrophen – eine ständige Bedrohung

Im Jahr 1980 suchte ein schweres Erdbeben die Region Kampanien heim. Sein Epizentrum lag nahe Avellino, ca. 50 km östlich von Neapel. Man hatte etwa 3100 Tote zu beklagen und über 33000 Obdachlose. In Neapel selbst gab es keine Toten, doch wurde die Stadt schwer erschüttert. Der letzte Vesuvausbruch ereignete sich im April 1944, mitten im Krieg. Tagelang regnete es Asche und Steine. Seitdem verhält der Berg sich ruhig, er hat sogar sein berühmtes Rauchfähnchen verloren. Doch Vulkanologen warnen davor, ihn vorzeitig als erloschen zu betrachten; ein erneuter Ausbruch ist durchaus möglich, sogar wahrscheinlich. Von einem solchen Ausbruch wäre das Zentrum Neapels nicht unmittelbar bedroht, wohl aber die Trabantenstädte Torre Annunziata und Torre del Greco; die glühende Lava würde sie in Minutenschnelle erreichen. Das von der Regionalregierung subventionierte Umsiedlungsprogramm »Progetto Vesuvia« wird von der Bevölkerung kaum angenommen.

Insgesamt 700000 Menschen leben in der sog. Todeszone und ihr einziger Schutz bei einer Eruption wie jener von 79 n. Chr. bestünde in rechtzeitiger Evakuierung. Das Vulkanologische Observatorium beobachtet den Vesuv ständig – nur wann muss eine Vorwarnung ergehen? Ein Fehlalarm hätte Massenpanik und Verkehrschaos zur Folge, eine zu späte Warnung wäre katastrophal!

Natur und Umwelt

»Kennst du das Land, wo die Zitronen blühn, im dunklen Laub die Goldorangen glühn?« Goethes Verse sind zum Inbegriff der Sehnsucht nach dem Süden geworden. Denn der gesamte südliche Küstenstreifen ist ein einziger Zitronen- und Orangenhain. Leuchtende Bougainvillea rankt sich an den Häusern empor, in den Parks stehen üppige Palmen, und noch die staubigste Straße säumen vielfarbige Oleanderbüsche. In den kleinen Inselgärten und auf den Feldern rund um den Vesuv gedeiht eine Fülle von Gemüse in der fruchtbaren vulkanischen Erde: Das reichhaltige Angebot der neapolitanischen Märkte zeugt davon.

Die Golfbewohner haben dennoch ein zwiespältiges Verhältnis zur Natur: Einerseits beschenkt sie sie großzügig mit ihren Gaben, andererseits zeigt sie sich gerade im Umfeld des Vesuvs auch als unberechenbare Bedrohung. Urplötzlich kann der schlafende Vulkan ausbrechen. Nicht auszuschließen ist auch, dass plötzlich die Erde erneut bebt.

Die Natur ist für den Golfbewohner etwas, das einfach da ist, eine Gegebenheit, die Leben spendet und Leben fordert. Trotzdem stellt die Umweltverschmutzung hier ein großes Problem dar. Seit einigen Jahren gibt es ernst zu nehmende Bemühungen, aus Neapel eine saubere Stadt zu machen. Doch die Umweltschäden und Verwahrlosungen, die eine jahrzehntelange korrupte Politik verursachte, können nicht von heute auf morgen behoben werden. Ein grelles Schlaglicht auf eins der größten Probleme waren die wiederholten Müllkrisen ❯ S. 25 in Neapel und Kampanien: es fehlen Verwertungssysteme, -anlagen und Deponien sowie ein Müllmanagement ohne Camorra-Einfluss. Aber es gibt auch Lichtblicke: Was vor wenigen Jahren keiner für möglich gehalten hätte – am Stadtstrand von Neapel darf wieder offiziell gebadet werden!

Die Menschen

Natürlich gibt es auch in Neapel wohlhabende und gut verdienende Bürger, die in traumhaften Terrassenwohnungen hoch über dem Golf residieren. Aber sie sind eine Minderheit. Das Leben vieler Neapolitaner ist weitgehend von Armut geprägt. Ein Gang durch die engen Gassen des Spanischen Viertels (Quartieri Spagnoli) macht dies für genaue Beobachter sichtbar. Oft leben dort noch Großfamilien in den typischen ebenerdigen Einzimmerwohnungen, den *bassi*. Diese sind meist fensterlos, ihre einzige Öffnung ist die Tür, sodass die Straße notgedrungen zum Lebensraum wird. Eine feste Arbeitsstelle hat hier kaum jemand. Die Menschen leben z.T. immer noch von Gelegenheits- und Heimarbeit. Ein ausgeprägter Familiensinn hält die Sippe zusammen.

Wie in jeder Großstadt ist auch in Neapel, wo die sozialen Probleme besonders krass sind, die Kriminalitätsrate überproportional hoch. Sogar die Neapolitaner warnen die Fremden auf Schritt und Tritt vor den Taschendieben, die sie selbst als Beleidigung ihrer Gastfreundschaft gegenüber den Touristen empfinden.

Volksfrömmigkeit und Heiligenkult

Eine auffallende Besonderheit der Neapolitaner ist ihre Heiligenverehrung. In beinahe jeder Einzimmerwohnung, sei sie auch noch so eng, steht in der Ecke eine *Madonnina*, oft von Plastikblumen und kleinen Glühbirnchen umrankt. Sie beschützt die Familie, man betet zu ihr, etwa wenn der Großmutter eine Herzoperation bevorsteht oder dem

Die Mafia heißt hier Camorra

Über den Ursprung des Wortes »Camorra« weiß man nur, dass sich bereits im 19. Jh. clevere und skrupellose Kriminelle erpresserisch ins Geschäftsleben der Stadt Neapel einzumischen begannen. Bis heute stammen hohe Einnahmen der Camorra aus Schutzgeldern, die Geschäftsinhaber an sie entrichten müssen, damit sie von ihr unbehelligt bleiben. Wer nicht zahlt, riskiert Existenz oder gar Leben. Das erpresste Geld wird in illegale Geschäfte investiert: Geldwäsche, Zigarettenschmuggel und Drogenhandel verhalfen der Camorra zu immensem Reichtum. In den letzten Jahrzehnten wuchs sie auf geschätzte 7000 Mitglieder heran, organisiert in über hundert Clans.

In Neapel räumte ab 1993 der damalige Bürgermeister Antonio Bassolino mit den Missständen auf. Seit 2001 bekämpfte seine Nachfolgerin, Rosa Russo Jervolino, die organisierte Kriminalität. Neben Polizeiaktionen versucht Neapels Stadtverwaltung seit den 1990er-Jahren, die Camorra an den Wurzeln zu bekämpfen und investiert in soziale Dienste und Jugendstätten. Ungelöst bleibt jedoch das Problem der hohen Jugendarbeitslosigkeit. Die Polizei hat durchaus Erfolge zu verzeichnen, wie 2009 die Festnahmen der prominenten Camorra-Bosse Giuseppe Bastone und Salvatore Russo, oder im März 2012 mit der Verhaftung von insgesamt 58 Camorra-Mitgliedern und -Kollaborateuren. Doch macht Neapel auch immer wieder Negativschlagzeilen mit Camorra-Morden.

Buch-Tipp »Gomorrha« heißt der packende Reportage-Roman des neapolitanischen Autors **Roberto Saviano**. Das Buch (Hanser, 2007 / dtv, 2009) gewährt detaillierte Einblicke in die Machenschaften der Camorra und wurde 2007 an Originalschauplätzen verfilmt. Sein jüngstes Buch »Der Kampf geht weiter« (Hanser, 2012) beschreibt engagiert u.a. die Hintergründe des Müllskandals in Neapel und die Aushöhlung des italienischen Rechtsstaates.

Die Heiligenverehrung hat einen hohen Stellenwert in Neapel

Familienoberhaupt der Verlust seines Arbeitsplatzes droht.

Oftmals ist die *Madonnina* von der Fülle und Schwere der an sie herangetragenen Fürbitten überfordert; dann wendet man sich an einen der mächtigen Heiligen in den Kirchen – es gibt ihrer unzählige. Allen voran steht San Gennaro, dessen geronnenes Blut (in zwei Phiolen im Dom) sich dreimal im Jahr verflüssigt. Viele Neapolitaner glauben felsenfest an die Wundertätigkeit der Heiligen. Auch so mancher Aberglaube ist im Alltag präsent, so etwa die Legende vom *Munaciello,* der u.a. Dinge plötzlich verschwinden lassen kann, oder die Angst vor dem bösen Blick.

Kunst und Kultur

Die Antike

An kaum einem Ort kann man die Antike besser studieren als am Golf von Neapel. Bei dem katastrophalen Ausbruch des Vesuvs im Jahr 79 n. Chr. wurden die Städte Pompeji und Herculaneum von Asche und Lava verschüttet und damit für die Nachwelt konserviert. Bis ins Detail hinein lässt sich heute das Alltagsleben der Bewohner vor 2000 Jahren verfolgen. Ein wirkliches Begreifen stellt sich allerdings erst im Archäologischen Nationalmuseum in Neapel ein: Dort werden die wertvollsten Funde aus den verschütteten Städten aufbewahrt – vor allem die Fresken, die als ein Höhepunkt der römischen Malerei gelten.

Mittelalter und Renaissance

Erst das späte Mittelalter und die Renaissance hinterließen in Neapel reichhaltige Spuren. Am reinsten erhalten sind die gotischen Kirchen San Lorenzo Maggiore und Santa Croce, in denen sich die Könige des Hauses Anjou in prachtvoll geschmückten Gräbern beisetzen ließen. Im wuchtigen Castel Nuovo mit seinem Triumphportal, einer Art Wahrzeichen Neapels, verschmelzen Spätantike und Renaissance. Ein

Kleinod ist die Kirche Sant'Anna dei Lombardi, die mit ihrer reichen Ausstattung einem Renaissancemuseum gleicht.

Barock und Rokoko

Dem neapolitanischen Gemüt entspricht noch heute der Barockstil. In den Kirchen drückt er sich düster und prunkvoll aus. Ein Juwel sowohl der barocken Kirchenarchitektur als auch für die magiegläubigen Neapolitaner ist die Domkapelle des hl. Gennaro, in der sich alljährlich das berühmte

Peristyl der Casa dei Vetti, Pompeji

Blutwunder ereignet. Ein weiteres Prunkstück ist San Gregorio Armeno. Fast alle älteren Kirchen wurden zur Barockzeit erweitert und umgestaltet: Eine Schule von talentierten Künstlern (Caravaggio, Domenichino, Caracciolo, Ribera, Giordano u.a.) bemalte Decken, Wände und Kapellen. Doch nicht nur die Kirchen, ganz Neapel und Umgebung wurde vom Barockfieber erfasst. Stuck, Marmor und vor allem glasierte, teils auch bemalte Majolika – ein in der Golfregion weit verbreitetes Kunsthandwerk – verliehen den älteren Bauten ein völlig neues Aussehen. Zur Zeit des Rokoko entstand die berühmte Porzellanmanufaktur von Capodimonte, die den prachtliebenden Hof der Bourbonenkönige belieferte. Kaum weniger berühmt sind die neapolitanischen Krippen, eine Miniaturwelt von unglaublicher Kunstfertigkeit; sie verdanken dem späten 17. Jh. ihre unverwechselbare Eigenart.

Kulturstadt mit Niveau

Dem ehemaligen Bürgermeister Antonio Bassolino gelang es durch seine Kulturpolitik, Neapel wieder zu einem interessanten Reiseziel und zu einer lebenswerten Stadt zu machen. Eines der schönsten Gebäude des 19. Jhs. ist der Glaskuppelbau der Galleria Umberto. Im Teatro San Carlo, an dem die Opern von Rossini, Bellini und Verdi uraufgeführt wurden, zeigt sich Neapels hervorragende Musiktradition. Neuere gesellschaftliche Entwicklungen greifen die Produktionen der *Compagnia del Teatro Umoristico* auf, die der Dramatiker Eduardo de Filippo ins Leben rief. Seit dem 16. Jh. war Neapel die philosophische Kapitale Italiens, lehrten und schrieben hier Giordano Bruno, Tommaso Campanella (beide um 1600) und Benedetto Croce (1866–1952).

Buch-Tipp Luciano DeCrescenzo blickt in seinem ebenso amüsanten wie ironischen Buch »Also sprach Bellavista« tief in die Seele der Neapolitaner (Diogenes, 1988).

Feste und Veranstaltungen

Karfreitagsumzug auf Procida

Festkalender Neapel

1. Maisonntag, 19. September
und **16. Dezember:** Das **Blutwunder des hl. Gennaro** ist das
wichtigste neapolitanische Fest.
An diesen Tagen verflüssigt sich
das in kristallenen Phiolen aufbewahrte Blut des frühchristlichen
Märtyrers und Schutzpatrons der
Stadt. Farbenfrohe Prozessionen
begleiten die Feierlichkeiten im
Dom.

Juni/Juli: Teatro Festival Italia,
das neue nationale Theaterfesti-
val. Zentrum der Inszenierungen
ist der Hafen, zu Gast sind viele
internationale Theater- und
Schauspielgrößen (www.
teatrofestivalitalia.it).

**16. Juli: Festa della Madonna del
Carmine** mit großem Feuerwerk.

20. bis 23. Juni: Festa dei Gigli in
Nola. Im neapolitanischen Hinterland findet eines der schönsten
und ältesten Feste Italiens statt.
Es geht noch aufs Jahr 431 zurück. Junge Männer schleppen
geschmückte, 20–30 m hohe
Holzobelisken *(gigli/guglie)* in einer festlichen Prozession unter
lebhafter Beteiligung der Bevölkerung durch die Straßen.

Festkalender der Küstenorte und Inseln

Auch auf den Inseln und in den
Küstenorten feiert man rund um
das Jahr Feste. Die meisten sind
religiösen Ursprungs.

1. Januar: Auf **Capri** begleitet
man den **Neujahrsumzug** mit
Musik auf historischen Musik-
instrumenten.

**Karfreitag: Karfreitagspro-
zession** in **Ponte** auf **Ischia.** Auf
Procida ist der **Karfreitagsumzug** in den traditionellen Kapu-
zenkostümen ein Erlebnis.

14. Mai: Die **Festa di San
Costanzo** huldigt dem Schutzpa-
tron **Capris** mit einer Prozession.

17. Mai: Fest der Santa Restituta
in **Lacco Ameno, Ischia,** mit
prächtiger Bootsprozession.

24. Juni: Patronatsfest in **Buonopane, Ischia**, bei dem die
La'ndrezzata › S. 104 aufgeführt
wird. Es ist ein alter, der
Tarantella verwandter Männertanz.

Juni: Alle vier Jahre (das nächste
Mal 2012) feiert **Amalfi** die
Regata storica, ein Bootsfest in
Kostümen, mit dem Amalfis
großer Zeit als Seerepublik
gedacht wird.

26. Juli: Sant'Anna-Fest in **Ponte** auf **Ischia.** Es wird begleitet von einer farbenfrohen Bootsprozession mit Blumenkorso und Feuerwerk.
Juli/August: Beim **Ravello Festival** finden – in Erinnerung an den Besuch Richard Wagners im Jahr 1880 – seit 1953 im Garten der Villa Rufolo sommerliche Wagner-Konzerte sowie Opernaufführungen im neuen Oscar-Niemeyer-Auditorium statt › S. 120.
15. August: Bei der **Festa dell'Assunta** zelebriert **Positano** seine Schutzheilige mit einer Bootsprozession und Feuerwerk.

Essen und Trinken

Ein Gang durch die Altstadt Neapels kommt einem Frontalangriff auf alle Sinne gleich – inklusive der Nase. An allen Ecken wird hier frittiert und gebrutzelt: Reisbällchen, Teigtaschen mit Mozzarella, Fleischstückchen, Gemüsehäppchen, Tintenfischringe. Nicht zu vergessen die allgegenwärtige Pizza, die zu jeder Tages- und Nachtzeit verzehrt wird (auch als frittierte Variante, *pizza fritta*). Feilgeboten werden die Leckereien an Straßenständen (*frigitorie*).

In Neapel satt zu werden, ist also auch für Leute mit kleinem Geldbeutel kein Problem. Das Angebot an Restaurants und Trattorien lässt in der ganzen Golfregion kaum Wünsche offen. Preislich gibt es zwei Klassen: eine mit hohen und eine mit moderaten Preisen. Die erste Kategorie bietet Kochkunst für Feinschmecker, die zweite, der sich auch die früheren Bauernlokale zugesellen, serviert gute neapolitanische Hausmannskost.

Vorspeisen und erster Gang

Das Menü beginnt mit einem **Antipasto** (Vorspeise), der aus Meeresfrüchtesalaten, frittiertem oder mit Öl und Zitrone beträufeltem Gemüse bestehen kann. Eine Spezialität ist die *mozzarella di bufala,* ein in Salzlake eingelegter Büffelmozzarella, der zusammen mit frischen Tomaten und Basilikum die *insalata caprese* ergibt.

Nach angemessener kleiner Pause folgt dann ein **Primo** (erster Gang), in der Regel ein Nudelgericht (*pasta*). Besonders beliebt sind die *vermicelli alle vongole* (Spaghetti mit Venusmuscheln). Wer ein typisch neapolitanisches Gericht probieren will, wählt *fusilli* (kurze, gedrehte Nudeln) *alla ricotta.* Aber auch mit *maccheroni al ragù,* langen, dicken Nudeln mit Schmorfleischsoße, ist man gut beraten. An die Stelle der Nudeln kann allerdings auch eine Suppe treten, etwa die berühmte *maritata* aus Blumenkohl und Schweinefleisch.

Pasta hausgemacht: So schmecken die Nudeln am besten

Zweiter Gang und Nachspeisen

Der **Secondo** (zweite Gang) besteht aus Fisch oder Fleisch. In Neapel mischt man gern beides und frittiert es zusammen mit verschiedenen Gemüsesorten *(fritto misto)*. Als leckeres Überbleibsel aus der Armeleuteküche bietet die Speisekarte oft Innereien *(frattaglie)* vom Schwein oder Rind oder ein Fischgericht aus kleinem Meeresgetier. Edlere Teile von Fisch und Fleisch kommen ebenso auf den Tisch, entweder gebraten oder mit diversen Soßen, deren Zutaten wahlweise aus Olivenöl, Knoblauch, Tomaten, Oliven, Kapern oder Sardellen bestehen.

Fischesser kommen am Golf voll auf ihre Kosten. Es gibt eine Vielfalt von feinen, delikat zubereiteten Fischen gibt, der allerdings seinen Preis hat. Da der Golf völlig überfischt ist, stammen die Fische aus entfernteren Gewässern nahe Sardinien und Sizilien. Was man sich nicht entgehen lassen sollte, ist eine gegrillte Scheibe vom Schwertfisch *(pesce spada)*: Frisch ist er einzigartig im Geschmack. Auf den Inseln, deren Bewohner stets eher Bauern als Fischer waren, werden gebratene Kaninchen, Hühnchen und Zicklein bevorzugt. Dazu serviert man gedünstetes Gemüse aus dem Garten oder vom Feld.

Echt gut!

Die beste Pizza in Neapel

■ Pizza Margherita und Marinara von **Michele** sind unübertroffen ❭ S. 52.

■ Im **Brandi** wurde 1889 für die italienische Königin Margherita die gleichnamige Pizza erfunden ❭ S. 52.

■ Nur ein Straßenverkauf, doch bei der **Antica Pizzeria e Friggitoria di Matteo** versteht man sein Handwerk ❭ S. 52.

■ Im **Bellini** gibt es nicht nur köstliche Pizza, sondern auch Fisch- und Nudelgerichte ❭ S. 52.

■ Im **Trianon** sind sowohl Auswahl als auch der Geschmack der Pizzas großartig ❭ S. 52.

Den Abschluss des Menüs bildet eine Süßspeise. Die neapolitanischen **Dolci** sind jedoch meist so schwer und süß, dass man sie besser außerhalb der Mahlzeiten genießt. Zudem werden sie in den *pasticcerie* und Bars meist in besserer Qualität als im Restaurant angeboten.

Weine – die berauschenden Tränen des Vesuvs

Lacryma Christi, die Träne Christi, so heißt ein berühmter Wein, der an den Hängen des Vesuvs gedeiht. Es gibt ihn in einer trockenen und einer süßen Variante, in Letzterer ist er einem Likör ähnlich. Die Golfregion zählt wegen der geringen Produktion nicht zu den großen Weingebieten Italiens. Dies gilt besonders für die Inselweine (vor allem für den weißen Capri-Wein), die zwar sehr geschätzt werden, aber nur in den Restaurants zu haben sind. Beliebte Tropfen sind ferner der Falerno, ein schwerer Rotwein, den angeblich schon die alten Römer tranken, der weiße herb-aromatische Greco di Tufo, der Asprino, ein moussierender Weißwein, und die Weine von Ravello (Gran Caruso, San Marco).

Shopping

Neben den Märkten › S. 54 gibt es in Neapel reichlich Gelegenheiten zum Einkaufsbummel, denn die Stadt ist eine gute Adresse für Bekleidung, Schuhe und Lederwaren. Neapels Shoppingmeile, die Via Toledo, wartet mit vielen Modeboutiquen, dem Kaufhaus Rinascente und der schönen Einkaufspassage Galleria Umberto I auf. Die exklusivsten Geschäfte, vor allem Designerboutiquen, sind in der Via Chiaia und Via dei Mille angesiedelt. Auch Kunsthandwerk kann man in Neapel gut erstehen, etwa neapolitanische Masken, traditionelle Glücksbringer, Keramik, Veduten und alte Stiche. Eine Besonderheit sind die Weihnachtskrippen und Krippenfiguren, die in der Via San Gregorio Armeno das ganze Jahr über in reizvoller Atmosphäre präsentiert werden.

Zu den beliebten Souvenirs › S. 113 einer Reise am Golf von Neapel zählen die Keramikprodukte, etwa von der Insel Ischia. Kulinarische Mitbringsel sind neben Olivenöl der Limoncello vom Golf von Neapel und der Amalfiküste. Der Zitronenlikör ist gekühlt ein beliebter Dessertlikör, mit Tonicwater verdünnt ein erfrischendes Getränk oder eine Zutat z.B. für Zitronentiramisù. Hochwertiges Olivenöl bringt man von der Sorrentinischen Halbinsel oder aus dem Cilento mit. Etwas verderblicher ist der originale handgezupfte Büffelmozzarella oder der Caciocavallo, ein Mischkäse aus Kuh- und Ziegenmilch. Auf vulkanischem Boden gedeihen die Trauben des bekannten Vesuvweins *Lacryma Christi del Vesuvio.* Capri und Ischia bringen gute Weine hervor.

Unterwegs am Golf von Neapel

Entdecken Sie die einzelnen Reiseregionen –
jeweils mit den schönsten Touren, allem
Sehens- und Erlebenswerten, Hotel-, Restaurant-,
Nightlife- und Shoppingtipps

***Neapel

Nicht verpassen!

- Auf der Spaccanapoli in das alte Neapel eintauchen
- Die Geschichte der Stadt im Castel Nuovo erleben
- Die Schätze des Museo Archeologico Nazionale bestaunen
- Sich von der Pracht des Doms San Gennaro gefangen nehmen lassen
- In die Unterwelt Napoli Sotterrànea abtauchen

Zur Orientierung

Mit gut 1 Mio. Einwohnern ist Neapel die Hauptstadt Kampaniens und drittgrößte Stadt Italiens. In traumhafter Lage am Golf, mit uralter Geschichte zu Füßen des Vesuvs ist ihr historisches Zentrum seit 1995 UNESCO-Weltkulturerbe. Soweit die nüchternen Tatsachen, doch Neapel ist viel mehr: vor allem unglaublich intensiv, mitreißend, anstrengend, faszinierend und mit einem chaotischen Innenleben, das man als Besucher nur ansatzweise erahnt.

Wer sich zum ersten Mal unvoreingenommen in die engen Gassen der Altstadt stürzt, kommt aus dem Staunen nicht mehr heraus und kann sich nur noch treiben lassen. Winzige Läden, Wohnungen ohne Tageslicht, Gassen und Häuser in allen Stadien der Verwahrlosung und dazwischen immer wieder wunderschöne Kirchen mit opulenter Ausstattung, Meisterwerke der Baukunst. Unweigerlich wird man sich alsbald darüber wundern, was alles menschenmöglich ist, und darüber, dass Neapel dennoch eine Weltstadt ist. Es existiert eine traditionsreiche und sorgsam gepflegte Kultur, Museen von Weltruf wie das Museo Archeologico Nazionale oder das Museo Nazionale di Capodimonte zeigen dies sehr eindrücklich. Die unglaubliche Altstadt ist nur eine Facette Neapels. Prunkvolle Bauwerke wie Castel Nuovo, Palazzo Reale, Teatro San Carlo, Galleria Umberto oder Castel dell'Ovo lassen erahnen, dass die Stadt einst eine mächtige Metropole des Südens war. Der Blick vom Vomero zeigt die Zukunft Neapels: Die Stadt breitet sich hemmungslos in alle Richtungen aus, ganze Viertel mit Banken, Hotel- und Bürobauten kosmopolitischen Zuschnitts sind entstanden, aber auch dicht gedrängte Schlafstädte.

Antike Stadtplanung

Die Altstadt Neapels bedeckt genau die Fläche, auf der die Griechen im 6. Jh. v. Chr. die Stadt Neapolis gründeten, auch die antike Struktur ist erhalten geblieben. Ein Blick auf den Stadtplan zeigt, dass das Straßennetz dem der verschütteten Städte Pompeji und Herculanum ähnlich ist. Die Anzahl der von Ost nach West verlaufenden Straßen (in Neapel drei), *Decumani* genannt, wurde von den antiken Stadtplanern niedrig gehalten, um die schlechte Luft aus umliegenden Sümpfen weitgehend fernzuhalten. Die Zahl der Straßen in Nord-Süd-Richtung, der *Cardines,* ist viel größer (ca. 20), denn sie gewähren der frischen Meeresluft Zutritt. Die Häuserblocks zwischen Quer- und Längsstraßen, die *Insulae,* bilden bis heute die Zellen der Altstadt.

In der Galleria Umberto

Unterwegs in Neapel

Von der Spacca-napoli zu den Museen

– ❸ – Via Toledo › *Spacca-napoli › Via dei Tribunali › **Dom San Gennaro › Piazza Bellini › ***Museo Archeologico Nazionale › **Museo Nazionale di Capodimonte

Dauer: 1 Tag
Praktische Hinweise: Für diesen langen Stadtspaziergang müssen Sie Zeit, bequeme Schuhe und gutes Stehvermögen mitbringen. Wer Spaß an längeren Museumsbesuchen hat, kann problemlos auch einen ganzen Tag in den beiden schönsten Museen Neapels verbringen und diesen Stadtrundgang damit auf zwei Tage ausdehnen. Im Gedränge der engen Altstadtgassen sollte man gut auf seine Handtasche achten und teuren Schmuck am besten im Hotel lassen.

**Sant'Anna dei Lombardi ❶

Der Spaziergang beginnt an der **Via Toledo,** der wichtigsten Einkaufsstraße Neapels. Gleich in der Nähe steht die Renaissancekirche Sant'Anna dei Lombardi, die wegen der **Fülle ihrer Skulpturen und Gemälde** wie ein Museum

behandelt wird. Beeindruckend sind die »Beweinung Christi« mit acht lebensgroßen Terrakottafiguren sowie die perspektivischen Holzintarsien in der Sakristei (Di–Sa 8.30–12.30 Uhr, Führungen kostenlos).

*Spaccanapoli

Etwa auf halber Höhe der Via Toledo zweigt rechts eine schmale Straße – oder besser Straßenschlucht – ab, die im neapolitanischen Volksmund **Spaccanapoli** genannt wird. Auf dem Stadtplan trägt sie andere Namen (hintereinander Via P. Scura, Via Maddaloni, Via B. Croce, Via S. Biagio dei Librai, Via Vicaria Vecchia). Die Bezeichnung *Spaccanapoli* (»spaltet Neapel«) ist treffend, denn die Straße zerschneidet die Altstadt in ihrer ganzen west-östlichen Länge. Sie entspricht der unteren Hauptquerstraße *(Decumanus)* der griechisch-römischen Stadt Neapolis. Zusammen mit der parallel verlaufenden Via dei Tribunali (ebenso ein antiker *Decumanus*) ist sie eine der chaotischsten und erstaunlichsten Straßen nicht nur Neapels. Überlassen Sie sich dem Sog dieser Straße, die auch von einigen beachtlichen Kirchen gesäumt wird.

**Santa Chiara ❷

Gleich hinter der Abzweigung von der Via Toledo steht die gotische Kirche Santa Chiara. Schon beim Eintritt strahlt der große, nach der Restaurierung wieder gotische Kirchenraum **eine feierlich-kühle Wirkung** aus. Er ist die Grabstätte der Königsfamilie von Anjou, die Neapel im 13. Jh. beherrschte. In beinahe jeder Seitenkapelle liegt ein Familienmitglied der Anjou in einem kostbaren gotischen Sarkophag. Die wichtigsten Grabdenkmäler aber sind die von König Robert dem Weisen und seiner engsten Angehörigen. Das Grabmal König Roberts – er ist der Begründer der ab 1310 entstandenen Kirche – ist besonders prächtig.

Von einer kleinen Seitenstraße links neben der Kirche hat man Zutritt zum ****Majolikakreuzgang. Er gehört zum Bezauberndsten, was Neapel zu bieten hat.** Den stillen grünen Garten des Kreuzgangs umgeben niedrige Mäuerchen mit Sitzbänken und Säulen, die mit bunten Majoliken

Die Straßenschlucht Spaccanapoli

verkleidet sind. Eine Fülle spätbarocker Miniaturmalereien ist darauf verewigt: Landschaften, Pulcinella- sowie Jagd-, Fischerei-, Spiel- und Tanzszenen (Mo–Sa 9.30–17.30, So 10–14.30 Uhr).

Piazza del Gesù

Wieder auf dem Platz vor der Kirche, der Piazza del Gesù, steht man vor der trutzigen Diamantquaderfassade der Kirche ****Gesù**

Neapels Anfänge und Schicksalsjahre

Die Anfänge Neapels liegen im Mythischen: In griechischer Vorzeit – so eine Legende – stürzte sich die Sirene Parthenope, da sie Odysseus nicht hatte bezwingen können, aus Verzweiflung ins Meer. Wo heute das Castell dell'Ovo aufragt, errichteten griechische Siedler aus Rhodos der hier an Land gespülten Halbgöttin einen Altar. Neapels gesicherte Geschichte beginnt mit der cumäischen Gründung der Neapolis (»Neue Stadt«) im 6. Jh. v. Chr., die an der Stelle der heutigen Altstadt entstand. Im 4. Jh. v. Chr. mussten sich die Griechen der Übermacht der Römer ergeben. Nach der Herrschaft der Byzantiner erklärte 763 Stephan II. die Stadt zum unabhängigen Herzogtum, das bis 1139 bestand und Neapel seine Blütezeit bescherte. Es unterstand in den folgenden Jahrhunderten verschiedenen Herrscherhäusern. Im 17. Jh. suchten Hungersnot, Vesuvausbruch, Bürgerkrieg, Pestepidemie und Erdbeben Neapel heim. Bis 1861 zählten die Bourbonen das »Königreich beider Sizilien« zu ihrem Machtbereich. Mit der Einigung Italiens endete Neapels Schicksal als spanische Provinz.

Neapel (Napoli)

0   400 m

N

Ⓜ Montedonzelli

Via Pietro Castellino

V. De Vito Piscicelli

P.za Fr. Muzii

Via Giacinto

Gigante

Via M. R. Imbriani

Via G. Orsi

B. Caracciolo

Via Salvatore

Salv.

Rosa

Via

P.za Medaglie d'Oro

P.za dell' Immacolata

Via G.

Rosa

Via Ruoppolo

Via M. Fiore

Ⓜ Medaglie d'Oro

P.za Leonardo

Emanuele

P.za d. Artisti

Santacroce

S. Maria di Montesanto

Michelangelo

Viale

VOMERO

Via G. L. Bernini

Via Tito

Montesanto Ⓜ

Stazione Cumana

Via P. Scura

Via Luca Giordano

Via F. Cilea

Via A. Scarlatti

Piazza Vanvitelli

Morghen

Funicolare di Montesanto

Angelini

Piazza Carità

Ⓜ Vanvitelli

Via D. Cimarosa

Staz.

Ⓡ 4

Castel S. Elmo

18

Vittorio

Ⓡ 3

Via Antello Falcon

Via Luca Giordano

Staz.   Staz.

19

Funicolare Chiaia

Ⓡ 4

Funicolare Centrale

Corso

Staz.

Museo Naz. d. Ceramica

Emanuele

17

Via Tasso

Vittorio

Staz.

Via Parco Margherita

Amedeo Ⓜ

Piazza Amedeo

Via Vitt. Colonna

Via del Mille

Via Chiaia

Corso

Piazza del Plebiscito

Via F. Crispi

Ⓡ 4

Piazza dei Martiri

V. Solitaria

ℹ

Tunnel della Vittoria

V. Palonetto

Riviera di Chiaia

Riviera di Chiaia

Piazza Vittoria

V. Morelli

Via Santa Lucia

Piazza della Repubblica

20

21

Via F. Caracciolo

20

Ⓡ 4

Mergellina

Via Partenope

22

— ❸ —   **Von der Spaccanapoli
zu den Museen**

1 Sant'Anna dei Lombardi
2 Santa Chiara
3 Cappella Sansevero
4 San Gregorio Armeno
5 Monte di Pietà
6 Porta Capuana
7 Dom San Gennaro
8 San Lorenzo Maggiore
9 Napoli sotterrànea
10 Piazza Bellini
11 Museo Archeologico Nazionale

12 Museo Nazionale di Capodimonte
13 Catacombe di San Gennaro

— ❹ —   **Vom Castel Nuovo
zum Castel dell'Ovo**

14 Castel Nuovo
15 Palazzo Reale
16 Teatro San Carlo
17 Galleria Umberto
18 Certosa di San Martino
19 Villa Floridiana
20 Villa Comunale
21 Stazione Zoologica Anton Dohrn
22 Castel dell'Ovo

Der bezaubernde Majolikakreuzgang von Santa Chiara

Nuovo aus dem 16. Jh. Inmitten der Piazza ragt die **Guglia dell'Immacolata** empor. Die Rokoko-Mariensäule ist ein Wahrzeichen der Stadt. Von hier aus blickt man die nahezu 2 km lange **Spaccanapoli** hinunter, die Straße der Händler, die sich in Zunftgruppen zusammengeschart haben: Silberschmiede, Krippenmacher, Buchhändler …

*Cappella Sansevero ❸

Die 1590 entstandene Grabkapelle der Familie Sagro-Sansevero, birgt höchst merkwürdige Werke, bei denen angeblich der alchimistisch tätige Prinz Sansevero die Hand im Spiel gehabt haben soll. Von den barocken Marmorstatuen ist der in der Mitte des Raumes liegende »Cristo velato« die erstaunlichste: **Ein marmorner Schleier, so durchsichtig wie Musselin, bedeckt die Statue,** die der Bildhauer Giuseppe Sammartino geschaffen hat. Eine Wendeltreppe führt in den Keller der

Kapelle mit zwei ungewöhnlichen Figuren: die nur aus versteinertem Aderngeflecht bestehenden Gestalten eines Mannes und einer schwangeren Frau, in deren Bauch der Kopf des Kindes zu erkennen ist (Via F. De Sanctis, Mo, Mi–Sa 10–17.40, So 10–13 Uhr).

❶ *Via San Gregorio Armeno

Von der im 18. und 19. Jh. blühenden Krippenindustrie Neapels sind heute noch ein Dutzend Werkstätten in der Via San Gregorio Armeno (die zur Kirche San Gregorio Armeno führt) geblieben. Zu den volkstümlichen *pastori* – alle Krippenfiguren heißen Hirten – aus Ton und Gips haben sich inzwischen Figuren des Fußballgottes Diego Maradona, der den SSC Neapel zu seinen größten Erfolgen führte, und des Ex-Bürgermeisters Bassolino gesellt. Der Verkauf läuft das ganze Jahr, aber am stimmungsvollsten sind die Wochen vor Weihnachten.

Ungemein prachtvoll ist der Innenraum der Barockkirche **San Gregorio Armeno** 4 ausgestattet; das sog. Paradies auf Erden wirkt auch heute, nach der umfassenden Restaurierung der Kirche, immer noch atemberaubend.

Monte di Pietà 5

Rings um die Pfandleihanstalt haben sich **Gold- und Silberschmiede** niedergelassen. Hier kann man günstig kleinen Goldschmuck erstehen. Die Auslagen sind gespickt mit silbernen Miniaturkörperteilen: Devotionalien, die nach einer glücklich überstandenen Krankheit oder Operation dem Lieblingsheiligen verehrt werden.

**Porta Capuana 6

Hinter der Via Duomo führt die Spaccanapoli durch das kleine, sehr volksnahe **Forcella-Viertel** und endet dort nach etwa 200 m an der Via Pietro Colletta. Folgt man dieser, kommt man zum Castel Capuano und zur Porta Capuana, die als **eines der schönsten Stadttore Italiens** gilt. Die klassisch-elegante Torverkleidung an der Außenseite zwischen den beiden wuchtigen Wehrtürmen ist ein Werk des Baumeisters Giuliano da Maiano.

**Dom San Gennaro 7

Parallel zur Spaccanapoli führt die Via dei Tribunali zurück. Man gelangt zur nahen Via del Duomo mit dem Dom San Gennaro. Er ist das wichtigste Gotteshaus Neapels. Im 19. Jh. wurde seine Fassade vollständig restauriert. In der Mitte des rechten Seitenschiffs liegt die ***Cappella di San Gennaro:** In dieser prachtvoll barock ausgestatteten Seitenkapelle vollzieht sich alljährlich das berühmte »Blutwunder«, bei dem sich das in zwei kristallenen Phiolen aufbewahrte Blut des hl. Gennaro, des obersten Schutzpatrons Neapels, verflüssigt.

Dem Dom angegliedert ist das älteste Gotteshaus Neapels, die ***Basilica di Santa Restituta.** Ein Kleinod ist das dahinter liegende ****Baptisterium:** der Kuppelraum bewahrt frühchristliche Mosaiken aus dem 4. Jh. und ein antikes Taufbecken (www.duomodinapoli.com, Mo–Sa 9–12 und 16.30–19 Uhr, inkl. antiker Ausgrabungsstätte im Untergrund).

Die schönsten Kirchen Neapels

■ Der **Duomo San Gennaro** ist die wichtigste Kirche der Stadt und Schauplatz des Blutwunders, das dreimal im Jahr stattfindet ❭ S. 45.

■ **Gesù Nuovo** war einst die Kirche der Jesuiten und verfügt über eine prächtige Barockausstattung ❭ S. 41.

■ Die opulente Barockkirche **San Gregorio Armeno** besitzt einen ruhigen Klostergarten ❭ S. 45.

■ **San Lorenzo Maggiore** ist eine sehenswerte Kirche im Stil der französischen Gotik ❭ S. 46.

■ In der Kirche **Santa Chiara** liegen zahlreiche Könige und Adlige in reich geschmückten Kapellen begraben. Wunderschön ist der Majolikakreuzgang ❭ S. 40.

Museo Nazionale di Capodimonte

das unterirdische Neapel hin. Eine Treppe führt 30 m tief unter die Erde. Griechen und Römer legten hier Aquädukte zur städtischen Wasserversorgung an, als Baumaterial diente Tuffstein aus der Region. Während der Kriege bot das Areal den Menschen Schutz (Piazza San Gaetano 68, www.napoli sotterranea.org, Führungen Mo bis Fr 12, 14, 16, Do auch 21, Sa, So 10, 12, 14, 16 und 18 Uhr, Eintritt 9,30 €, erm. 6 €).

Piazza Bellini [10]

Die Piazza Bellini ist das junge Zentrum der Altstadt und Symbol für den kulturellen Aufbruch Neapels. In seiner Mitte erhebt sich das Standbild des sizilianischen Opernkomponisten Vincenzo Bellini (1801–1835), der in Neapel am Koservatorium San Sebastian studierte. Um den malerischen Platz scharen sich Cafés und Bars, etwa das *caffè letterario* **Intra Moenia** (Nr. 70, www.intra moenia.it).

Hinter dem Baptisterium zeigt in der Via Settembrini das **Museo MADRE** (Museo d'Arte Contemporanea Donna Regina) hochkarätige zeitgenössische Kunst (www.museomadre.it, Mo, Mi–Sa 10.30–19.30, So bis 23 Uhr).

*San Lorenzo Maggiore [8]

Zurück am Dom, führt von hier die belebte und volkstümliche Via dei Tribunali mit ihren Marktständen zur Piazza Dante. Linker Hand liegt San Lorenzo Maggiore, **die schönste gotische Kirche der Stadt:** reine provenzalische Gotik in gelbem Tuffstein. Im Kreuzgang ist der Eingang zum **Complesso Archeologico,** wo man unter dem heutigen Straßenniveau über einen antiken Marktplatz läuft (Piazza San Gaetano 316, Di–So 8–12 und 17–19 Uhr).

Echt gut!

2 Napoli sotterrànea [9]

Nur ein kleines Schild über einem Toreingang in der Via dei Tribunali/Piazza San Gaetano weist auf

3 ***Museo Archeologico Nazionale [11]

Von der Piazza Dante folgt man nun der Via E. Pessina in nördlicher Richtung und gelangt bald zum Archäologischen Nationalmuseum, das **eine der wichtigsten Sammlungen antiker Kunst in Europa** enthält.

Echt gut

Im Erdgeschoss wird die ***Sammlung Farnese** aufbewahrt, unter den antiken Marmorstatuen sind so berühmte wie der »Farnesische Stier« oder der »Herkules Farnese«. Die Statuen, die ursprünglich aus Rom stammen, gingen im 18. Jh. durch Erbschaft ans neapolitanische Herrscherhaus der Bourbonen über.

Im ersten Obergeschoss sind <mark>Wandmalereien aus den verschütteten Vesuvstädten</mark> ausgestellt. Wer Pompeji oder Herculaneum besucht hat, kann hier die vier pompejischen Stile 〉 S. 78 studieren. Das berühmteste der **Mosaiken** im Zwischengeschoss ist die »Alexanderschlacht« aus dem Haus des Fauns in Pompeji. Weitere Glanzlichter setzen eine Reihe von wundervollen Mosaik-Stillleben und Tierdarstellungen, allegorische und Theaterszenen sowie schöne mosaizierte Säulen (http://marcheo.napolibenicultura li.it, Mi–Mo 9–20 Uhr).

4 · **Museo Nazionale di Capodimonte ⓬

Das zweite große Museum von Weltruhm liegt noch etwas weiter außerhalb in dem von einem großen Park umgebenen Palazzo Reale di Capodimonte. Die **Galleria Napoletana** zeigt <mark>mehr als 300 Meisterwerke des 13.–18. Jhs.</mark> In den Sälen des weitläufigen Palasts sind u.a. Gemälde von Raffael, Tizian, Caravaggio, Cranach, Breughel und Holbein zu bewundern. Zudem besitzt das Museum eine kostbare **Porzellansammlung** und ein berühmtes, mit Porzellan ausgekleidetes **Kabinett.** Im 3. Stock zeigen Wechselausstellungen zeitgenössische Kunst (Via Miano 2, http://museodicapodi monte.campaniabeniculturali.it,

Do–Di 8.30–19.30 Uhr, Eintritt 9 €, Kinder und Senioren frei).

**Catacombe di San Gennaro ⓭

In Capodimonte sind auch die nahen Katakomben sehenswert. Sie entstanden im 2. Jh. als Grabstätte der ersten Christen Neapels. Die unterirdischen Gewölbe enthalten eine Vielzahl spätantiker und frühchristlicher Freskenfragmente (www.catacombedinapoli. it, Führungen Mo–Sa 10–17, So bis 13 Uhr, Eintritt 8 €, erm. 5 €).

Vom Castel Nuovo zum Castel dell'Ovo

– ❹ – Molo Beverello 〉 **Castel Nuovo 〉 *Palazzo Reale 〉 Teatro San Carlo 〉 Galleria Umberto 〉 Vomero 〉 *Villa Floridiana 〉 Villa Comunale 〉 Castel dell'Ovo

Dauer: 1 Tag
Praktische Hinweise: Dieser Stadtspaziergang ist zwar recht lang und fordert deshalb einiges an Durchhaltevermögen, doch es bieten sich, speziell auf der zweiten Hälfte, immer wieder Möglichkeiten für entspannende Pausen. So auf dem Vomero, bei der Villa Floridiana, im Park Villa Comunale und am Castel dell'Ovo, wo man den Tag in einem der Restaurants am Meer gemütlich ausklingen lassen kann.

Das wuchtige Castel Nuovo

**Castel Nuovo 14

Gleich hinter dem Hafen Molo Beverello liegt das Viertel, in dem sich in der Vergangenheit die politische Macht Neapels konzentrierte. Davon erzählt das weithin sichtbare Castel Nuovo. Das wuchtige Schloss ließ Karl I. von Anjou 1279–1282 errichten, im 15. Jh. wurde es von Alfons V. von Aragon fast vollständig umgebaut (Mo–Sa 9–19 Uhr).

Zu seinen Ehren entstand anno 1443 der reliefgeschmückte marmorne *Triumphbogen über dem Haupteingang. Der schöne Innenhof zeigt Bauelemente aus den verschiedensten Epochen. Eine Freitreppe führt in die *Sala dei Baroni, einen eindrucksvollen, fast quadratischen Saal mit einem einzigartigen Sterngewölbe. Gegenüber dem Haupteingang betritt man durch ein weiteres schönes Renaissanceportal die Cappella Santa Barbara, den einzigen aus angevinischer Zeit noch erhaltenen Teil der Burg (13. Jh.).

*Palazzo Reale 15

Die spanischen Vizekönige erbauten sich im 17. Jh. nahebei ein neues größeres und komfortableres Schloss, den Palazzo Reale. An der Frontseite (zur Piazza del Plebiscito) erinnern in Nischen aufgestellte Statuen an die wechselnden Herrscher über Neapel zwischen dem 11. und 19. Jh. Auf der Rückseite des Innenhofs (von Domenico Fontana, 1600) gelangt man in das kolossale, architektonisch sehr reizvolle Treppenhaus, das in die historischen Räume führt. Hier sind vor allem nach Vorlagen von Le Brun gefertigte Gobelins sowie eine »Heilige Familie« von Filippino Lippi sehenswert (Do–Di 9–20 Uhr).

Café

Schräg gegenüber dem Palazzo Reale liegt das **Caffè Gambrinus (Via Chiaia 1–2)**, ein im 19. Jh. errichtetes Kaffeehaus. In dem schönen Kuppel-Rundsaal kann man in luxuriösem Ambiente neapolitanisch-wienerische Spezialitäten degustieren. Echt gut

Teatro San Carlo 16

An die Nordflanke des Palazzo Reale lehnt sich das berühmte Teatro San Carlo. Es wurde auf Befehl König Karls III. im Jahr 1737 in nur wenigen Monaten erbaut und war in der Folgezeit Mittelpunkt der europäischen Musikwelt (Uraufführungen von Bellini, Donizetti, Rossini, Verdi). Es ist einer der größten und imposantesten Theaterbauten Europas. Das Haus, das auch nach einem Großbrand, diversen Restaurierungen und Umbauten noch den Charme vergangener Zeiten bewahrt hat, kann besichtigt werden (www.teatrosancarlo.it, Führungen So 11 und 12.30 Uhr, Eintritt 15 €, inkl. Multimedia-Museum).

Galleria Umberto

Dem Theater gegenüber locken die bei Touristen und Neapolitanern beliebten Bars und Boutiquen in der Galleria Umberto, einer **klassizistischen Passage mit Glasdach** (1887). Davor verleihen die *sciuscià* (Schuhputzer) den Schuhen werktags neuen Glanz.

Auf dem Vomero

Vis-à-vis der Galleria Umberto (Ausgang Via Toledo) liegt die Stazione Funicolare Centrale, die Station der Zugseilbahn, die auf den Vomero-Hügel hinaufführt. Von ihrem Endbahnhof ist es nicht weit zum **Castel Sant'Elmo** und der unmittelbar darunter liegenden ****Certosa di San Martino** 🔟. Das großzügig angelegte, längst säkularisierte Kloster beherbergt das ****Museo Nazionale di San Martino,** das vor allem Zeugnisse zur neapolitanischen Geschichte und Kunst enthält und die viel gerühmten Krippen, die das neapolitanische Volksleben von einst in Miniatur nachbilden. Die Klosterkirche ist reich an Gemälden der neapolitanischen barocken Schule. Doch schon allein der einmalige Blick von der Gartenterrasse des Klosters über den Golf lohnt einen Besuch der ehemaligen Kartause (Do–Di 8.30 bis 19.30 Uhr).

Von der Certosa di San Martino führt eine Treppe, die **Pedimentina,** hinunter zum Corso Vittorio Emanuele. Von ihren Stufen bieten sich schöne Ausblicke auf Neapel und den Golf.

Ein Spaziergang westwärts führt zur ***Villa Floridiana** 🔟 im für seine üppige Vegetation berühmten Park. Heute beherbergt die klassizistische Villa das **Museo Nazionale della Ceramica** mit seiner erstklassigen Porzellansammlung aus Europa und Ostasien (Mi–Mo 8–14 Uhr).

Mit der Funicolare Chiaia kommt man ein gutes Stück hinunter zum Meer und hat es nicht mehr weit bis zur größten Grünanlage der Stadt, der **Villa Comunale** 🔟, die sich an der Via Caracciolo am Ufer entlangzieht: **eine still-beschauliche Parkmeile** mit Brunnen und Denkmälern.

In der **Stazione Zoologica Anton Dohrn** 🔟, gegründet 1872 von dem deutschen Zoologen Dohrn aus Stettin, hat das internationale Meeresbiologische Ins-

Die Galleria Umberto

titut seinen Sitz. Es zählt noch heute zu den führenden Forschungseinrichtungen seiner Art weltweit. Im erstklassigen *Aquarium tummeln sich über 200 Fischarten aus dem Golf von Neapel (www.szn.it, März–Okt. Di–Sa 9–17,30 So 9.30–19, sonst Di–Sa 9–16.30, So bis 13.30 Uhr).

Die Bibliothek im 1. Stock des Instituts wurde vom damals 35-jährigen Deutschen Hans von Marées ausgemalt. Sein großflächiger *Freskenzyklus, den er in einem Sommer schuf, gilt als eines der wichtigsten Zeugnisse der deutschen Malerei des 19. Jhs. (Besichtigung gratis nach tel. Anmeldung: Tel. 08 15 83 32 63).

Castel dell'Ovo 22

Seiner einzigartigen Lage wegen sticht das bauhistorisch nicht weiter bedeutende Castel dell'Ovo ins Auge, das auf einem Inselchen vor dem früheren Fischerhafen Santa Lucia liegt: eine trutzige alte Seefestung, die lange Zeit als Gefängnis diente und heute ein Kongresszentrum ist (Mo–Sa 8.30–17, So bis 14 Uhr, Mi geschl.).

Nett ist ein Spaziergang durch den das Kastell umgebenden Bor-

Maggio dei Monumenti

An den Wochenenden im Mai öffnen sich in Neapel die Türen zu vielen sonst nicht zugänglichen Kunstschätzen in Kirchen, Palästen etc. Kulturelle Darbietungen und Führungen bereichern die mittlerweile fest etablierte Veranstaltung.

go Marinaro. Hier wetteifern die besten Fischlokale Neapels um die Krone der Kochkunst.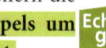

Info

■ **A.A.S.T.**
Piazza del Gesù][**Tel. 08 15 51 27 01**
Via San Carlo 9][**Tel. 0 81 40 23 94**
Alle A.A.S.T-Büros: www.inaples.it,
Mo–Fr 8.30–19, Sa, So 9–14 Uhr.
■ **E.P.T.**
Piazza dei Martiri 58
Tel. 08 14 10 72 11
www.eptnapoli.info
Mo–Sa 8.30–20 Uhr. Unterkunftsverzeichnis, Infos zu Neapel und Provinz.
■ **Osservatorio Turistico Culturale**
Piazza del Plebiscito
(Porticato Chiesa di Paola)
Tel. 08 12 47 11 23
www.comune.napoli.it
Städtisches Kulturbüro, aktuelle Infos.
■ **Internet: www.portanapoli.com**
Privates Portal (auch dt.) zum Überblick, aber z.T. nicht aktuell.

Verkehr

■ **Internationaler Flughafen**
Aeroporto Napoli-Capodichino
Tel. 08 17 89 62 59][**www.gesac.it**
7 km nördlich vom Stadtzentrum, alle 20 Minuten Bus bis Piazza Garibaldi oder Piazza Municipio ❯ S. 15.
■ Die **Linie 1** der **Metro** mit **von Künstlern gestalteten Stationen**
fährt in Nord-Süd-, die **Linie 2** in Ost-West-Richtung bis Pozzuoli.
■ **Stadtbusse** verkehren im 10- bis 15-Min.-Takt bis 24 Uhr, auf den wichtigsten Linien gibt es stündlich **Nachtbusse.**
■ Offizielle **Taxis** sind weiß, tragen eine Nummer und sind mit Taxameter ausgestattet.

Ausprobieren sollte man die **Funi-colare**, die Drahtseilbahnen zum Vo-mero-Hügel ❯ S. 49.
In Neapel kommt man mit dem Ticket »Gira Napoli« preisgünstig herum: Man kann 90 Min. (1 €) bzw. einen ganzen Tag (3 €) lang fahren und beliebig umsteigen.

■ Verkehrsmittel ins Umland

Über die Stadtgrenzen hinaus gilt für **Busse**, die **Metrò del Mare** und die **Circumvesuviana-Bahn** (ab Stazione Centrale über Herculaneum, Pompeji nach Sorrent) das nach Zeit- und Tarifzonen gestaffelte **Ticket Unico**. Infos und Fahrpläne unter: www.anm.it, www.metro.na.it, www.metrodelmare. net, www.vesuviana.it.

Die Campania Artecard schließt neben vergünstigtem Museumseintritt z.T. die kostenfreie Benutzung der öffentlichen Verkehrsmittel ein. Sie gilt 3 bzw. 7 Tage (www.napoliartecard.com). Die **Tickets** gibt es am Kiosk, in Tabakläden, am Flughafen sowie an Bahnhöfen, die Artecard auch in Museen.

■ Schiff – Inselnahverkehr

Vom **Molo Beverello** aus fahren Tragflügelboote (Aliscafi) und Autofähren nach Ischia, Procida, Capri (keine Autos in der Saison), Ponza. Tragflügelboote fahren außerdem nach Sorrent. Vom **Hafen Mergellina** aus verkehren Tragflügelboote nach Ischia, Procida, Capri. In der Hauptsaison gibt es auch Verbindungen zu den Liparischen Inseln und nach Roma Fiumicino. Überfahrt nach Ischia und Capri: ca. 45 Min. (Aliscafi) bzw. 90 Min. (Fähre).

■ Schiff – Fernverkehr

Vom **Molo Angioino** (Stazione Marittima) fahren Autofähren nach Reggio Calabria, Catania, Palermo, Cagliari, Tunis und Malta.

Hotels

■ Grand Hotel Parker's

Corso Vittorio Emanuele 135
Tel. 08 17 61 24 74
www.grandhotelparkers.com
Luxushotel mit dem Charme des ausgehenden 19. Jhs. und modernem Komfort, z.B. Wellnesscenter. ●●●

■ Art Resort Galleria Umberto

Galleria Umberto 1
Tel. 08 14 97 62 24
www.artresortgalleriaumberto.it
Sehr zentral gegenüber dem Theater San Carlo, antikes Mobiliar, barocke Ausstattung. Jedes Zimmer ist einem Künstler gewidmet. ●●

■ Piazza Bellini

Via Costantinopoli 101
Tel. 0 81 45 17 32
www.hotelpiazzabellini.com
Zehn erfrischend modern und minimalistisch eingerichtete Zimmer mit gratis Internet, nah an der Piazza Bellini. ●●

■ Pinto Storey

Via G. Martucci 72
Tel. 0 81 68 12 60
www.pintostorey.it
Komfortables Mittelklassehotel, Jugendstil-Aufenthaltsräume. Zimmer teils mit Meeresblick. Unbedingt vorbestellen! ●●

■ La Dimora dei Giganti

Vicoletto Giganti 55
Tel. 08 10 33 09 77
www.dimoradeigiganti.it
Das Bed & Breakfast im Herzen der Altstadt ist ein kleines Schmuckstück der zeitgemäßen Innenarchitektur. Große helle Zimmer, Terrasse, Salon und Küche für alle. ●

■ Mergellina

Salita della Grotta 23
Tel. 08 17 61 23 46
napoli@aighostels.com

Jugendherberge, 10 Min. Fahrt zum
Zentrum. Zimmer mit 2–6 Betten. ●

Restaurants

■ **Zi'Teresa**
Borgo Marinaro 1
Tel. 08 17 64 25 65
www.ziteresa.it
Traditionsreiches Fischlokal im Hafen-
ambiente von Santa Lucia, ideal für ein
Sommerdinner im Freien. So Abend
geschl. ●●–●●●

■ **Ciro a Santa Brigida**
Via Santa Brigida 71
Tel. 08 15 52 40 72
Von Künstlern besuchtes Lokal nahe
der Galleria Umberto. So geschl. ●●

■ **Il Garum**
Piazzetta Monteoliveto
Tel. 08 15 42 32 28
www.ciroasantabrigida.it

In Neapel wurde die Pizza
Margherita erfunden

Mediterran-neapolitanische Küche.
Spezialität sind Gerichte mit Garum,
einer Sardellensoße, die schon in der
Antike berühmt war. Kleine Terrasse
auf der Piazza. Di geschl. ●●

■ **Bellini**
Via Santa Maria di Costantino-
poli 79/80][Tel. 0 81 45 97 74
Bekannt für seine hervorragende Pizza,
auch Fisch- und Nudelgerichte. ●–●●

■ **L'Antica Pizzeria Da Michele**
Via Cesare Sersale 1/3
Tel. 08 15 53 92 04
www.damichele.net
==Die Pizza-Institution!== Die Speisen-
auswahl ist auf das Wesentliche beschränkt. Marmortische. So Ruhetag. ●

Echt gut

■ **Pizzeria Trianon**
Via Pietro Colletta 44/46
Tel. 08 15 53 94 26
www.pizzeriatrianon.it
Manche behaupten, hier sei die Pizza
noch besser als bei Michele gegenüber.
Gut besucht, große Speisekarte. ●

■ **Pizzeria Brandi**
Salita S. Anna di Palazzo 1/Via Chiaia
Tel. 0 81 41 69 28][www.brandi.it
Hier wurde 1889 die Pizza Margherita
für die Königin Margherita von Savo-
yen erfunden. Auch heute noch überzeugend gut. ●

■ **Antica Pizzeria e Friggitoria**
Di Matteo
Via Tribunali 94][Tel. 0 81 45 52 62
Straßenverkauf auf der Spaccanapoli;
die Einheimischen sind von der guten
Qualität überzeugt und stehen deshalb
gern Schlange. So geschl. ●

Nightlife

■ **Opern- und Theaterkarten** besorgt
am besten die Hotelrezeption. Jeden
Monat erscheint gratis »Qui Napoli«,
der Kulturfahrplan der A.A.S.T., mit

aktuellen Terminen und Öffnungszeiten. Die Broschüre kann auch als PDF heruntergeladen werden (www.inaples.it). Konzert- und Ausstellungshinweise sowie aktuelle Fahrpläne findet man auch in der Zeitung »Il Mattino«.

■ Jazz-, Rock-, und Popkonzerte finden im Otto Jazz Club (Salita Cariati 23), Around Midnight (Via Bonito 32), Bourbon Street Jazz Club (Via Bellini 3) oder Kestè (Largo San Giovanni Maggiore 4) statt.

Shopping

■ Die Innenstadt von Neapel ist ein Einkaufsparadies. Ein originelles Mitbringsel sind die Krippenfiguren in verschiedenen Größen. Die größte Auswahl findet man in der Via San Gregorio Armeno.

■ Die Buchhandlungen Libreria Guida (Via Port'Alba 20/23) und Feltrinelli (Via S. Tommaso d'Aquino 70) sind Intellektuellentreffs.

■ An der Porta Alba wird täglich ein Büchermarkt veranstaltet. Hier kann man Reiseführer, Kunstbände oder Klassiker für wenig Geld erwerben – nicht nur in italienischer Sprache.

■ Stiche und Veduten vom Golf werden in der Via S. Maria di Costantinopoli, zwischen Piazza Bellini und Archäologischem Museum, verkauft.

■ In der Via Toledo gibt es eine Reihe von Lederwarengeschäften.

■ Die elegantesten Mode- und Schuhgeschäfte findet man in der Via Chiaia, edle Krawatten u.a. Accessoirs führt Marinella (Riviera di Chiaia 287 A, www.marinellanapoli.it).

■ Neapolitanische Musik vom Feinsten bietet die Nuova Compagnia di Canto Popolare (www.nccp.it). CDs gibt es in guten Musikläden.

Ausflug nach Caserta

Neapels großer Bauherr Karl III. von Bourbon ließ in Caserta (66 000 Einw.) ein monumentales Schloss errichten, den **Palazzo Reale.** Er beauftragte den renommierten Baumeister Luigi Vanvitelli – doch vor der Vollendung gingen die Finanzmittel aus. Berühmt ist die grandiose **Freitreppe** vom Vestibül hinauf in den 1. Stock (Do–Di 9–20 Uhr).

Der *Schlosspark mit seinen Kaskaden, Fontänen und Statuengruppen lädt zum Spaziergang ein (9 Uhr bis 1 Std. vor Sonnenuntergang; Bus und Bahn ab Piazza Garibaldi, 35 km nördlich).

Info

E.P.T.
Palazzo Reale][81100 Caserta
Tel. 08 08 23 32 11 37
www.eptcaserta.it

Aussichtshügel *Posillipo

Der berühmte Aussichtspunkt ist der richtige Ort, wenn man die brodelnde Metropole in relativer Ruhe von oben betrachten und ein Bilderbuchpanorama über Neapel, die sanft geschwungene Bucht mit dem dahinter aufragenden Vesuv genießen will. Man verlässt die Stadt gen Westen vom Schnellboothafen Mergellina aus und fährt auf kurvenreicher Straße das hügelige Gelände zum Posillipo hinauf oder nimmt einfach die Funicolare di Posillipo.

Kunst oder Kitsch – Neapels Märkte

Neapel und die Neapolitaner lernt man am besten auf den Märkten kennen, von denen einige nur an Wochenenden, die meisten aber täglich stattfinden. In der **Via San Gregorio Armeno** ist sogar das ganze Jahr über Weihnachten. Nehmen Sie am besten nur ein paar Geldscheine in der Hosentasche mit, denn so taucht man unbeschwert von Handtasche und Geldbörse in den Strom der Einheimischen ein.

Quartieri Spagnoli

Täglich bauen die Obst-, Gemüse- und Fischhändler ihre malerischen Stände in den engen Straßen auf, die sich von der Piazza Carità über die Piazza Pignasecca bis zur Funicolare von Montesanto ziehen. Hier im Herzen der Quartieri Spagnoli brodelt das neapolitanische Leben; den ganzen Tag über lässt sich das Schauspiel beobachten, wie aus den Fenstern der Palazzi Körbe hinabgelassen werden, um anschließend mit Waren gefüllt wieder in die Lüfte zu entschweben. Schauen Sie doch einfach mal bei einem der ausgezeichneten Käse- oder Wurstläden vorbei.

Hier kann man sich auch ein Panino für ein Picknick mit Aussicht auf dem nahen Vomero-Hügel frisch zubereiten lassen. Der Aussichtsberg ist zu Fuß über Treppen oder mit der Funicolare schnell zu erreichen.

Fisch, Obst und Gemüse

Von Weitem schon sind morgens die Schreie der Fischhändler an der **Porta Nolana** zu hören. An den alten Stadtmauern in der Nähe des Hauptbahnhofs zieht sich dieser Inbegriff des neapolitanischen *mercato popolare* entlang. Meeresfrüchte, Obst und Gemüse werden wild gestikulierend und lautstark feilgeboten.

Mercato Popolare – Mercato del Pesce a Porta Nolana
Porta Nolana][**Piazza Garibaldi**
Di–Sa vormittags.

Konsum und Kulissenpracht

Jenseits der Porta San Gennaro beginnt hinter der Piazza Cavour die ausladende **Via dei Vergini** mit ihrem quirligen Markttreiben. Vor der barocken Fassade des Palazzo dello Spagnolo werden Obst, Gemüse, Fisch, Haushaltswaren und Textilien angeboten, oft auch Videos und CDs – Raubkopien selbstverständlich.

Mercato ai Vergini
Via dei Vergini
Tgl. vormittags.

Textilien und Schuhe

Auf der Suche nach preiswerten Textilien und Schuhen wird man nahe der Piazza Garibaldi fündig. Im Südwesten der Bahnhofspiazza sind markisenüberdachte Stände, *bancarelli*, aufgebaut. Ein Großteil der Markenschuhe für den italienischen Markt wird in Neapel gefertigt, und den Produktionsüberschuss, Ware mit kleinen Fehlern, oder weniger gängige Größen, kann man mit etwas Glück hier für wenig Geld erstehen, ebenso Jeans. Touristen verirren sich eher selten hierher.

Mercato della Maddalena
Via P. S. Mancini][**Via S. Candida**
Via Fazzini
Mo–Sa vormittags.

Trödelmarkt

Ein Spaziergang am Lungomare lässt sich mit dem Besuch des hübschen Trödelmarkts Fiera Antiquaria Napolitana verbinden. Professionelle Händler bieten ihr reichhaltiges Sortiment an nachgebauten Stilmöbeln, die eine oder andere Antiquität, Stiche, Kopien neapolitanischer Veduten und Porzellanfigurinen zu Füßen des faschistischen Reiterdenkmals von Marschall Armando Diaz (Piazza Amedo) an. Mit Blick aufs Meer lässt es sich in der Grünanlage Villa Comunale wunderbar stöbern.

Fiera Antiquaria Napoletana
Lungomare
Villa Comunale bis Via Caracciolo
Jeden 3. und 4. Sa und So des Monats 8–14 Uhr, außer im Aug., auch zusätzliche Termine im Jahr.

Markenpiraterie

Die italienische Polizei geht nich nur hart gegen die Verkäufer gefälschter Markenprodukte vor: Der Erwerb wird mit bis zu 10 000 € Strafe geahndet! Vom Kauf eines Handys oder einer Kamera, häufig unter der Hand angeboten, ist ebenfalls abzuraten.

Westlich von Neapel

Nicht verpassen!

- Den dampfenden und blubbernden Solfatara-Krater erleben
- Am geheimnisvollen Lago d'Averno spazieren gehen
- Im Glasbodenboot das untergegangene Baia entdecken
- Die größte Zisterne des römischen Imperiums in Bacoli bestaunen
- Den Orakelraum der cumäischen Sibylle erkunden

Zur Orientierung

Die Campi Flegrei, die »Brennenden Felder«, westlich von Neapel sind ein höchst beeindruckender Landstrich. Hier sieht man immer wieder Vulkankegel, Eruptionsfelder, Kraterseen und Buchten, die keinen Zweifel an der Entstehung dieser Landschaft aufkommen lassen. Doch aktiver Vulkanismus ist nur noch an wenigen Stellen zu beobachten.

In antiker Zeit war der Küstenstreifen dicht besiedelt, das brodelnde und dampfende Hinterland war dagegen ein Ort der Mythenbildung. Der Küstenabschnitt von Baia zählte in der römischen Antike zu den gefragtesten Wohnlagen, doch all die prunkvollen Villen sind durch seismische Aktivität im Meer versunken. Heute baut man auch hier – wie fast überall am Golf – dicht gedrängt und architektonisch wenig überzeugend mit viel Beton.

Bester Ausgangspunkt für die Erkundung der Brennenden Felder ist Pozzuoli, heute fast schon mit Neapel zusammengewachsen. Überall bewegt man sich auf geschichtsträchtigem Boden, auf dem Akropolishügel Rione Terra, in Baia, Bacoli und Cumae. In der ältesten Siedlung griechischer Kolonisten auf italienischem Festland werden noch heute Ausgrabungen durchgeführt.

Die Säulen des Serapeions in Pozzuoli

Tour in der Region

Von Pozzuoli nach Cumae

5 **Pozzuoli › Solfatara › Lago d'Averno › Baia › Bacoli › Capo Miseno › Cumae**

Dauer: 2 Tage
Praktische Hinweise: Die Abstände zwischen den einzelnen Sehenswürdigkeiten sind relativ klein, der öffentliche Nahverkehr gut. Trotzdem sollte man etwas mehr Zeit und hin und wieder eine Taxifahrt einplanen. Wer mit dem Wagen unterwegs ist, kann flexibler Abstecher einplanen.

Eines der beeindruckendsten Erlebnisse dieser Tour ist der Besuch der ****Solfatara-Krater ›** S. 59. oberhalb von Pozzuoli mit Fumarolen, bunten Kristallisationen und Schlammtöpfen. Auch der **Lago d'Averno ›** S. 61 – ein kreisrunder Kratersee – verdankt seine Entstehung dem Vulkanismus. Einst soll er der dunkle, unheimliche Eingang zur Unterwelt gewesen sein, heute kann man gemütlich an seinem Ufer spazieren gehen.

Nächste Station ist der heute wenig reizvolle Küstenort ***Baia ›** S. 61, der aber in der Römerzeit zu den edelsten Wohnlagen zählte. Erhalten geblieben sind der antike Thermenkomplex, die **Terme Romane.** Die Reste der untergegangenen Stadt kann man eindrucksvoll an Bord eines Glasbodenboots erleben.

Auch **Bacoli** > S. 62 zählte zur Römerzeit zu den vornehmen Küstenorten. Heute ist die größte Sehenswürdigkeit eine riesige Zis-terne aus dieser Zeit, die **Piscina Mirabilis.** Für eine Übernachtung eignet sich der Badeort **Miseno** > S. 63. Hier kann man zum Capo Miseno wandern und den Monte Miseno besteigen. Am nächsten Tag setzt man die Fahrt nach **Cumae** > S. 63 fort, das sehenswerte griechische und römische Ruinen zu bieten hat.

Unterwegs westlich von Neapel

*Pozzuoli 1

Das städtische Zentrum der Campi Flegrei ist seit der Antike Pozzuoli (83 500 Einw.). Von den Griechen gegründet (528 v. Chr.), wurde die Stadt im 2. Jh. v. Chr. von den Römern erobert, die ihr den Namen *Puteoli,* die Stinken-de, gaben, wegen der an vielen Stellen austretenden Schwefelgase. Trotz des Gestanks aber wurde Puteoli die wichtigste Stadt am Golf; der Hafen war der Hauptumschlagplatz für den Orienthandel. 61 n. Chr. soll hier der Apostel Paulus gelandet sein. Die Plünderungen der im 5. Jh. ein-

5 **Von Pozzuoli nach Cumae** Pozzuoli > Solfatara > Lago d'Averno > Baia > Bacoli > Capo Miseno > Cumae

fallenden Goten führten schließlich zum Ruin der Stadt, die seitdem keine bedeutende Rolle mehr
gespielt hat.

Pozzuolis ältester Stadtteil er-
hebt sich malerisch auf dem ehe-
maligen Akropolishügel über dem
Hafen. Der nach einem Beben im
Jahr 1970 vollständig evakuierte
Rione Terra ist inzwischen an
Wochenenden wieder zugänglich
(Largo di Sedile di Porto, Füh-
rungen auf italienisch, Tel.
8 48 80 02 88, Sa, So 9–18 Uhr).

Archäologische Ausgrabungen
haben unter dem Dom Reste des
römischen Kapitolstempels freigelegt. Auf dem teils unterirdisch
verlaufenden Parcours geht man
über das antike Straßenpflaster an
Werkstätten, Läden, einer Bäcke-
rei und einem Bordell aus römischer Zeit vorbei.

Über die schmale Uferpromenade erreicht man nördlich des
Hafens das *Serapeion. Die Anlage wurde lange für einen griechischen Tempel gehalten, es handelt sich jedoch um das **Macellum,**
die Markthalle des römischen Puteoli. Durch den sog. Bradyseismus, ein postvulkanisches Heben
und Senken des Grundes, stehen
die Säulen heute nur mit den Ba-
sen im Wasser. Löcher in 5 m
Höhe der Säulen, die von Bohr-
muscheln stammen, beweisen jedoch, dass das Macellum zeitweise unter Wasser lag, der Grund
sich also im Laufe der Jahrhunderte wieder gehoben hat.

Am Nordrand der modernen
Stadt liegt das *Flavische Amphitheater** (9 Uhr bis 1 Std. vor

Schwefelgase in der Solfatara

Sonnenuntergang, Di geschl.),
dessen heute zerfallene Außen-
front aus drei Arkadengeschossen
bestand. Dieses drittgrößte Amphitheater Italiens – das Oval bot
40 000 Zuschauern Platz – wurde
im 1. Jh. n. Chr. erbaut. Neben
Gladiatorenkämpfen kamen hier
auch Tierhatzen zur Aufführung.
Sehr sehenswert und **besonders
gut erhalten sind die **unterirdischen Gewölbe.** Hier waren die
Raubtierkäfige untergebracht, die
sich mithilfe von Aufzügen durch
quadratische Öffnungen in die
Arena heben ließen (Kombiticket
> S. 60).

Solfatara 2

Oberhalb von Pozzuoli liegt die
Solfatara, ein großer Krater, wo
man spätvulkanische Phänomene
sehen kann wie Fumarolen
(Dampfausstöße), Schlammfontä-
nen, Schwefelgase, Mineralquel-

len und Kristallisationen (tgl.
8.30–16.30, April–Sept. bis
19 Uhr, Eintritt, 6 €). Das Erste,
was reagiert, ist die Nase: Noch
während man durch die Pinienal-
lee mit den blühenden Büschen
wandert, beißt plötzlich ein
schweflig-brenzliger Geruch. Ein
paar Schritte weiter steht man
mittendrin: im Krater der Solfatara. Es dampft und blubbert, wo-
hin man auch blickt, kein Strauch,
kein Leben kann hier mehr gedeihen, der merkwürdig glatte, grau-
grüne Boden tönt hohl bei jedem
festeren Schritt und brennt heiß
durch die Schuhsohlen.

Info

A.A.S.T.
Largo Matteotti 1/a
80078 Pozzuoli
Tel. 08 15 26 66 39
www.infocampiflegrei.it

Verkehr

■ **Regionalbahn Ferrovia Circum-
flegrea:** Napoli–Pozzuoli–Torregaveta.
■ **Busverbindung:** Baia–Cumae.
■ **Schiffsverbindungen:** Autofähren
nach Procida (30 Min.) und Ischia
(1 Std.); www.medmargroup.it

Kombiticket Campi Flegrei

Mit dem Kombiticket Biglietto cu-
mulativo Campi Flegrei lassen sich
das Amphitheater und das Serapeion in Pozzuoli, die Ausgrabungen
von Baia und Cumae sowie das Archäologische Museum im Kastell
von Baia besuchen (4 €, ermäßigt
2 €, 2 Tage gültig).

Camping

Camping Vulcano Solfatara
Tel. 08 15 26 23 41
www.solfatara.it
Verkehrsgünstig und schön im Krater-
gelände gelegen. Ganzjährig.

Restaurant

Castello dei Barbari
Via Fascione 6
Tel. 08 15 26 79 16
Klassisch neapolitanische Küche mit
Weitblick von der Terrasse. ●●

Lago di Lucrino ❸
und *Lago
d'Averno ❹

Der **Monte Nuovo** (140 m) ist bei
einer Eruption 1538 innerhalb
von zwei Tagen entstanden. Die
beiden Seen zu seinen Füßen ver-
änderten damals ihre Gestalt er-
heblich. Vom Kraterrand des
Monte Nuovo bietet sich ein schöner Ausblick auf die Campi Flegrei. **Ein Rundweg führt durch** Echt
das Naturschutzgebiet, dessen gut
Eingang man über die Via Virgi-
lio erreicht (Tel. 08 18 04 14 62,
Mo–Fr 9 Uhr bis 1 Std. vor Sonnenuntergang, So 9–13 Uhr, Eintritt frei).

Der **Lago di Lucrino,** eine flache Lagune, durch einen schma-
len Strandstreifen vom Meer getrennt, war in der römischen
Antike berühmt für die dort ge-
züchteten Austern. Die meisten
der vielen Villen an seinem Ufer
wurden bei dem Vulkanausbruch
1538 zerstört, nur wenige Mauerreste sind übrig geblieben.

Etwas landeinwärts (1 km) liegt der ***Lago d'Averno,** ein kreisrunder Kratersee, bleigrau und von Vulkankegeln umgeben. Wegen seiner dampfenden Unheimlichkeit hielten die in Cumae ansässigen Griechen den See für den Eingang zur Unterwelt. Der »Odyssee« zufolge soll Odysseus hier ins »Reich der Schatten« hinabgestiegen sein. Auch in der Römerzeit behielt der See seinen mythischen Charakter, obwohl man ebenso versuchte, ihn durch eine Kanalverbindung zum Lucriner See als Hafen zu nutzen, was jedoch durch die beständige seismische Veränderung des Bodens nur vorübergehend gelang. Der Name *Avernus* bedeutet »ohne Vögel«: Der Überlieferung nach ist nie ein Vogel über diesen See geflogen, möglicherweise weil er in der Antike Dämpfe und heiße Gase ausströmte.

Heute kann man am Seeufer spazieren gehen. Am Südufer liegt die **Grotta della Sibilla,** ein 300 m langer Tunnel, Teil eines ausgedehnten Systems unterirdischer Gänge aus der Römerzeit. Die Bezeichnung beruht auf einem Irrtum, denn die echte, sagenumwobene Sibyllengrotte nimmt Cumae für sich in Anspruch.

Am östlichen Ufer des Sees stößt man auf den sog. **Tempio di Apollo,** eine große Thermalanlage aus der römischen Kaiserzeit. Am See beginnt die **Grotta di Cocceio,** ein 1 km langer Verbindungstunnel nach Cumae › S. 63. Er wurde im Zweiten Weltkrieg als Munitionslager verwendet, ist heute aber aus Sicherheitsgründen nicht mehr begehbar.

*Baia 5

Die Stadt Baia (4000 Einw.) liegt an einer kleinen runden Bucht. Seit der römischen Antike, in der hier einer der vornehmsten Küstenabschnitte war, hat sich die Topografie durch ein langsames Heben und Senken des Grundes (Bradyseismus) stark verändert. Die antiken Nobelvillen sind bis zu 10 m tief ins Meer abgesunken, Reste wurden noch in 500 m Entfernung von der Küste gefunden – ein Fall für die Unterwasserarchäologie.

 Der großartige antike **Thermenkomplex ist weitgehend erhalten. Er wurde zu einem **Parco archeologico** zusammengefasst (Di–So 9 Uhr bis 1 Std. vor Sonnenuntergang). Kernstück der Anlage ist der »Sossandra-Sektor« mit einer großen Aussichtsterrasse, hinter der sich in einem flachen Halbrund fächerförmig das

In den antiken Thermen Baias

Der Vulkankegel des Capo Miseno, früher Flottenstützpunkt der Römer

Nymphäum öffnet, ein kleines Theater mit einem kreisrunden Schwimmbecken davor. Die hier gefundene Marmorstatue der Sossandra steht im Archäologischen Nationalmuseum in Neapel. Weitere Terrassen mit großen rechteckigen Schwimmbassins sind um das Nymphäum herum gruppiert.

Ein Korridor führt zum **Tempio di Mercurio,** zur Römerzeit ein Badesaal. Der kreisrunde Bau mit seiner Kuppel (mit kreisförmiger Lichtöffnung im Scheitel) erinnert an das Pantheon in Rom.

Das **Castello di Baia** dominiert mit weitem Blick die Bucht und beherbergt ein ==ausgezeichnetes Archäologisches Museum== (Via Castello, Tel. 08 15 23 37 97, Di bis Sa 9 Uhr bis 1 Std. vor Sonnenuntergang, Kombiticket Campi Flegrei › S. 60).

Unterwasserexkursionen

■ Tauchgänge zu den Villenruinen bietet das **Sea Point Diving Center** (Via Molo di Baia 14, Tel. 08 18 68 88 68, www.seapointitaly.it).

■ Das Glasbodenboot Cymba gleitet über die untergegangene Stadt. Exkursionen März–Okt. Di–So tgl. 10, 12 und 15 Uhr; Reservierungen und Informationen, auch zu Tauchgängen im Unterwasserpark »Baia Sommersa«, gibt es unter **www.baiasommersa.it oder Mobil-Tel. 34 94 97 41 83.**

Bacoli 6

Der Küstenort Bacoli (27 400 Einw.) breitet sich in einer Mulde zwischen kleinen Kaps und dem Lago di Miseno aus. Bei den Römern hieß der Ort Bauli und war ein aristokratischer Villenplatz. Von der größten und prächtigsten Villa ist nur noch ein monumentales zweistöckiges und in viele Kammern aufgeteiltes Wasserreservoir erhalten, die sog. ***Cento Camerelle** (Wärter in der Via Cento Camerelle 165, erwartet Trinkgeld!).

Die Hauptattraktion Bacolis ist jedoch die **Piscina Mirabilis** (am Südausgang des Ortes; Kustodien in der Via Piscina Mirabilis 9). Sie war die größte Zisterne des gesamten römischen Imperiums und versorgte die am Capo Miseno liegende Kriegsflotte. Über zwei Treppen gelangt man in das fantastisch anmutende Gewölbe, das von schräg einfallendem Licht erhellt wird. Die Zisterne ist in 13 große »Schiffe« aufgeteilt, die von 48 Pilastern gestützt werden. Das Wasser wurde auf Aquädukten und durch Tunnels aus 65 km Entfernung herbeigeleitet; die Anlage fasste 12 000 m³.

Capo Miseno 🄷

Eine schmale Deichstraße führt zwischen dem Meer und dem Lago di Miseno (auch Mare Morto, »Totes Meer« genannt) zum Capo Miseno, dem Südausläufer des Kratergebiets. Von hier aus beobachteten der Naturhistoriker Plinius d. Ä., damals Flottenkommandant in Misenum, und sein Neffe Plinius d. J. den Vesuvausbruch 79 v. Chr. Bereits zur Zeit der griechischen Siedler wurde das Doppelbecken am Capo Miseno als Hafen genutzt. Die Römer richteten hier einen ihrer größten Flottenstützpunkte ein.

Vom kleinen Badeort **Miseno** aus – auch dies eine römische Siedlung, die Reste eines Theaters zeugen davon –, kann man in einem 20-minütigen Spaziergang das Gipfelplateau des Monte Miseno besteigen. Von oben bietet

sich ein faszinierender Ausblick über die Buchten, Lagunen und Meerengen, die Kraterlandschaft der Campi Flegrei, die Golfe von Gaeta, Pozzuoli und Neapel und die nahen Inseln. **Um das Panorama voll zu genießen, sollte man den Gipfel abwandern.**

Hotel

Hotel Club Cala Moresca
Via del Faro 44][**Tel. 08 15 23 55 95**
www.calamoresca.it
Kleines Mittelklassehotel mit Pool und Restaurant und tollem Blick über das Capo Miseno. ●●

5 **Cumae 🄸

Auf dem relativ ausgedehnten Ausgrabungsgelände sieht man sowohl griechische wie römische Ruinen. Die griechischen Reste konzentrieren sich um die Akropolis auf einem 80 m hohen Felsen nahe dem Strand. Dieser Teil Cumaes ist eingefriedet (9 Uhr bis 1 Std. vor Sonnenuntergang, Kombiticket › S. 60).

Cumae, griechisch Kyme, ist die älteste Siedlung griechischer Kolonialisten auf dem italienischen Festland. Es entstand im 8. Jh. v. Chr. und entwickelte sich rasch zur Blüte. Die Cumäer gründeten Neapel und zahlreiche weitere Siedlungen in der Golfregion. Lange Zeit konnten sie sich dem Angriff der Etrusker und der italischen Bergvölker widersetzen, doch dem Ansturm der Römer im 3. Jh. v. Chr. waren sie nicht gewachsen. Die Cumäer wurden dann Bürger des Imperiums, ihre hoch entwickelte Kultur wurde in römische Dienste genommen. Nach dem Untergang des Imperiums war Cumae Verwüstungen durch Germanen, Sarazenen und Piraten ausgesetzt; seit etwa tausend Jahren ist der Ort verlassen. Systematische Ausgrabungen begannen um die Mitte des 19. Jhs. und dauern auch heute noch an.

Vom Capo Miseno kommend, sieht man rechts der Straße die Arkadenbogen eines römischen **Amphitheaters** aus dem 1. Jh. v. Chr. Die Arena ist überwachsen. Etwa 300 m weiter geht es links ab zur ****Akropolis,** der eigentlichen griechischen Siedlung.

Gleich links hinter dem Eingang kommt man zur Hauptattraktion, dem ****Antro di Sibilla** (Sibyllengrotte), einem 130 m langen, in den Tuff gehauenen Gang mit trapezförmigem Querschnitt. Das in regelmäßigen Abschnitten seitlich einfallende Licht gibt dem Gebilde einen magischen Charakter. Der Gang endet in einem rechteckigen Raum mit gewölbter Decke und drei rundbogigen Nischen: Hier war der legendäre »Orakelraum«, das Heiligtum der cumäischen Sibylle, deren Weissagungen für das gesamte Altertum als schicksalhaft galten. Die Sibylle selbst saß unsichtbar in einem Nebenraum (links), der mit Holztüren zu verschließen war.

Rechts neben dem Eingang zur Sibyllengrotte führt eine Treppe in die schluchtartige **Cripta Romana,** einen 180 m langen Tunnel aus römischer Zeit, wahrscheinlich eine Verlängerung der zum Averno-See führenden Grotta di Cocceio.

Über die Via Sacra gelangt man zur eigentlichen Akropolis. Zwei Tempelanlagen bilden die wesentlichen Überreste: rechts der Stufensockel eines griechischen **Apollontempels;** oben auf der Gipfelterrasse die Anlage eines **Jupitertempels.** Heute bilden hier Reste eines griechischen Tempels, eines darüber erbauten römischen Tempels und einer wiederum darüber errichteten frühchristlichen Basilika eine schwer unterscheidbare Mischung.

Es bietet sich ein wunderschöner Blick, der vom Capo Miseno im Süden bis zum Vorgebirge von Gaeta im Norden reicht.

Echt gut

***Arco Felice** 🔟

Nach dem Besuch der Akropolis schlägt man die etwas südlich (rechts) gelegene Via Domitiana ein, um den römischen Viadukt zu unterqueren und dabei noch einmal die Ingenieurskünste der Antike zu bewundern. Die Straße hat hier stellenweise ihre antike Pflasterung bewahrt. Der Arco Felice überspannt als Bogenbrücke ein künstlich eingeschnittenes Tal. Wenig später stößt die Via Domitiana auf die Staatsstraße *S. S. 7 quater,* die der Trasse der antiken Via Appia zurück nach Neapel folgt.

Der Apollontempel war Pompejis wichtigstes Heiligtum

Östlich von Neapel

Nicht verpassen!

- In den Schlund des Vesuvs hinabschauen
- In den konservierten Alltag der Ruinenstadt Herculaneum eintauchen
- Die antike Villenstadt Pompeji in der Momentaufnahme der Katastrophe erleben
- Die lebendigen Fresken in der Villa dei Misteri bestaunen

Zur Orientierung

Der Küstenstrich östlich von Neapel wird vom zweigipfligen Vesuv beherrscht. Seit in den 1950er-Jahren die letzte Rauchfahne über seinem Gipfel verschwand, könnte man ihn für erloschen und harmlos halten. Doch das Gegenteil ist der Fall. Vulkanologen haben unter dem Berg eine riesige Magmakammer ausgemacht, die jederzeit explodieren kann – was wahrscheinlich noch schlimmere Folgen als der Ausbruch von 79 n. Chr. haben dürfte, der Pompeji und Herculaneum vernichtete.

Als ob diese Gefahr nicht existieren würde, zieht sich ein endloses, hässliches Häusermeer nach dem Verlassen Neapels dahin, Portici, Ercolano, Torre del Greco und Torre Annunziata ersticken im Autoverkehr und beanspruchen jeden Quadratmeter bis zum Fuß des Vulkans. Wissenschaftler empfehlen schon lange eine Sicherheitszone, doch der Alltag sieht anders aus.

Die Ausgrabungen des antiken **Herculaneum und Pompeji zählen zu den größten Sehenswürdigkeiten Italiens.** Auch wenn Raubbau und Misswirtschaft viel Schaden angerichtet haben, lohnt ein längerer Rundgang unbedingt. Wer jedoch die einstige Schönheit der Wandmalereien und Mosaike der verschütteten Vesuvstädte erleben möchte, sollte auf jeden Fall das Archäologische Museum in Neapel ❯ S. 46 besuchen, denn dort sind die schönsten Kunstwerke der Ausgrabungsstätten ausgestellt.

Touren in der Region

Zu den Ausgrabungen am Vesuv

⑥ Herculaneum ❯ Torre del Greco ❯ Torre Annunziata ❯ Pompeji

Dauer: 2 Tage

Praktische Hinweise: Die Ausgrabungsstätten und die Orte an der Küste lassen sich gut mit der Circumvesuviana-Bahn erreichen, die ab Neapel fährt. Besonders schön, weil relativ ruhig, ist der Besuch in der Vor- und Nachsaison; ansonsten hilft nur früh da zu sein, damit man bis zum Eintreffen der ersten Busse noch ein wenig die Stille genießen kann. Genügend Zeit einplanen, für Pompeji mindestens einen halben Tag. Für die archäologischen Stätten Pompeji, Herculaneum, Villa Oplontis u.a. ist ein 3 Tage gültiges Sammelticket erhältlich (20 €, erm. 10 €, www.pompeiisites.org).

Schon der Blick auf ❮❮❮**Herculaneum** ❯ S. 70 vom Eingang ist faszinierend, denn nirgendwo sieht man besser, dass die moderne

Stadt **Ercolano** über den Ruinen von Herculaneum errichtet worden ist. Noch ist längst nicht ganz Herculaneum ausgegraben. Doch die Archäologen haben es nicht leicht, denn die Bewohner von Ercolano kämpfen natürlich gegen den Abriss ihrer Häuser. Beim Rundgang durch die antike Stadt wird schnell klar, dass nur wenig von dem für die Konservierung vorgesehenen und dringend benötigten Geld hier ankommt. Die wenigen noch vorhandenen Fresken sind in einem schlechten Zustand, die meisten Häuser sind nicht gegen Regen geschützt, die Mauern verwittern, zu vielen ist der Zutritt nicht mehr möglich. Ähnliches gilt auch für Pompeji.

Nach der Besichtigung von Herculaneum fährt man weiter nach **Torre del Greco** › S. 72 und **Torre Annunziata** › S. 73, beide Orte sind Beispiele für die hemmungslose Bauwut am Golf. In Torre Annunziata lohnt ein Besuch der römischen ****Villa Oplontis** mit ihren schönen Fresken.

Damit man am nächsten Tag gleich am Morgen die Ausgrabungen von *****Pompeji** › S. 73 besichtigen kann, sollte man hier übernachten, in der Nähe gibt es mehrere Hotels und Restaurants. Trotz des Raubbaus, den Pompeji in jüngerer Zeit erlitten hat, zählt der Rundgang durch die Ruinenstadt immer noch zu den Höhepunkten einer Süditalienreise.

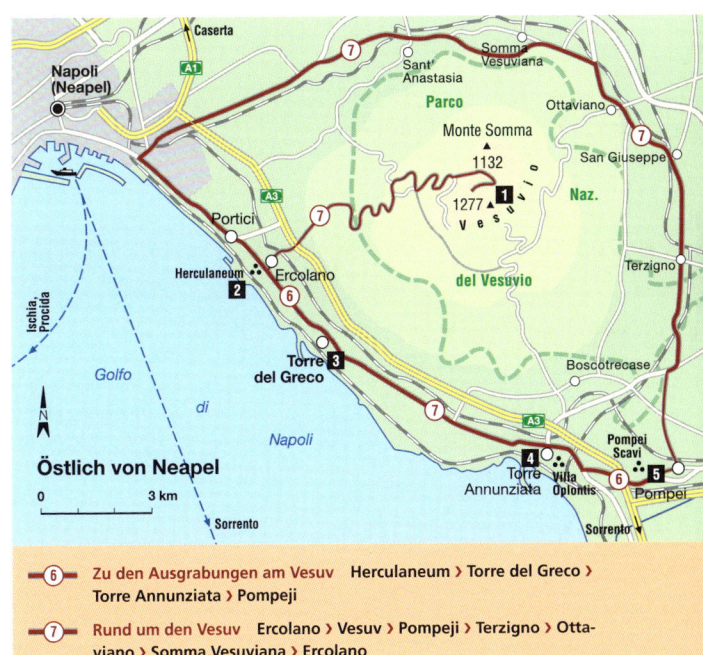

6 Zu den Ausgrabungen am Vesuv Herculaneum › Torre del Greco › Torre Annunziata › Pompeji

7 Rund um den Vesuv Ercolano › Vesuv › Pompeji › Terzigno › Ottaviano › Somma Vesuviana › Ercolano

Rund um den Vesuv

━⑦━ Ercolano ❯ Vesuv ❯ Pompeji ❯ Terzigno ❯ Ottaviano ❯ Somma Vesuviana ❯ Ercolano

Dauer: 2 Tage
Praktische Hinweise: Für den Abstecher zum Vesuv empfiehlt sich ein Pkw, es fahren aber auch regelmäßig Linienbusse ab dem Bahnhof von Ercolano auf den Vesuv. Für die Umrundung des Vesuvs bietet der Wagen Vorteile gegenüber der Bahn, ist aber nicht zwingend notwendig.

Die **Strada del Vesuvio** ist von **Ercolano** zum Großteil ausgeschildert und führt in vielen Kehren bis zum Parkplatz in gut 1000 m Höhe. Die letzten Höhenmeter bis zum Kraterrand des ****Vesuvs** muss man dann zu Fuß zurücklegen. Der Blick in den tiefen, rostroten Krater, der noch an einigen wenigen Stellen dampft, ist ebenso beeindruckend wie die Aussicht über den Golf. Wer mehr Zeit in der imposanten Vulkanlandschaft verbringen möchte, findet am Parkplatz Vorschläge für farbig markierte Wanderungen unterschiedlicher Länge.

Auf der Strada del Vesuvio geht es danach wieder hinunter nach Ercolano und dann entlang der Küste nach *****Pompeji** ❯ S. 73. Am nächsten Tag steht als Erstes die Besichtigung der Ruinenstadt auf dem Programm, bevor man sich an die Umrundung des Vesuvs macht. Die Straße und auch die Bahnlinie verlaufen dicht an der Nationalparkgrenze, was stets neue Ausblicke auf den Vulkankegel ermöglicht. Die Orte **Terzigno, Ottaviano** oder **Somma Vesuviana** sind touristisch nicht erschlossen und galten lange als Camorra-Hochburgen.

Unterwegs östlich von Neapel

6 ****Vesuv**

Jüngere archäologische Ausgrabungen lassen darauf schließen, dass auch die stein- und bronzezeitlichen Vorgängersiedlungen von Pompeji Vulkanausbrüchen zum Opfer fielen. Man nimmt an, dass dem Ausbruch vom Jahr 79 n. Chr. eine lange Ruhepause vorausging. Die Bewohner von Pompeji und Herculaneum hatten keine Ahnung von der Gefährlichkeit des Berges. An seinen Hängen wucherten Wein und Olivenbäume, der Krater war eine baumbewachsene Mulde.

Die Katastrophe begann am 24. August und dauerte, nach Beschreibung Plinius' d. J., drei Tage. Steine, glühende Asche und giftige Schwefeldämpfe gingen über Pompeji hernieder. Ein Fünftel der Bevölkerung, etwa 5000 Menschen, kam dabei ums Leben, darunter der Geschichtsschreiber Plinius d. Ä. Die übrigen Pompejaner konnten sich zwar retten, doch hatten sie all ihr Hab und Gut verloren, denn eine 7 m dicke Schlackenschicht bedeckte Pompeji. Kurz darauf wurde auch Herculaneum von einer Lawine aus Erde, Schlamm und halb erkalteter Lava begraben. Unter dieser Schicht haben sich sogar verderbliche Materialien wie Holz und Nahrungsmittel fast unversehrt erhalten. Die Bewohner von Herculaneum, die sich am Strand versammelt hatten, um mit Schiffen zu flüchten, wurden hier von einer 800 °C heißen Glutwolke überrascht und auf der Stelle getötet. Wenige Minuten später verschluckte der Schlammstrom ihre Leichen.

Der nächste Ausbruch erfolgte im Jahr 203, ein weiterer 473, dessen Aschenregen sogar Konstantinopel erreichte. Abgesehen von kleineren Eruptionen verhielt sich der Berg in den folgenden Jahrhunderten relativ friedlich, bis es 1631 zu einer verheerenden Katastrophe mit 3000 Toten kam. Der letzte Ausbruch ereignete sich im März 1944 während des Zweiten Weltkriegs. Danach entstieg dem Gipfel ein paar Jahre lang nur noch eine dünne weiße Rauchfahne, bis Ende der 1950er-Jahre auch diese schließlich erlosch.

Die Höhe des Vesuvs hat sich mit jedem Ausbruch geändert, die Unterschiede betrugen teils bis zu 200 m. Heute ist der Vulkan 1277 m hoch. Als Doppelvulkan besitzt er zwei Gipfel: den eigentlichen **Vesuvio,** die höchste Erhebung, und den etwas niedrigeren **Monte Somma** (1132 m).

Der Vesuv ist heute der am besten erforschte Vulkan der Erde. Seismografische Geräte registrieren selbst die kleinsten Veränderungen. Den Vulkanologen zufolge ist der Vesuv nicht erloschen, mit einem weiteren Ausbruch muss gerechnet werden.

Besuch des Kraters

Ausgangspunkt für eine Besichtigung des Kraters ist die Stadt **Ercolano** (Anfahrt zum Krater 18 km). Kurz nach der Ausfahrt der A 3 biegt links die Straße zum Vesuvgipfel ab. Sie steigt sofort bergan und windet sich zwischen Olivenbäumen und Weinreben den Berg hinauf. Kurz vor der

Am Kraterrand des Vesuvs

»quota mille« (Parkplatz) quert man den erstarrten Lavafluss von 1944. Unterwegs passiert man das Besucherzentrum des seit 1995 ausgewiesenen **Parco Nazionale del Vesuvio** (Loc. San Vito, Tel. 08 17 71 47 14, www.vesuviopark. it, tgl. 8–16 Uhr) und das **Osservatorio Vesuviano,** das 1841 weltweit als erstes vulkanologisches Observatorium eingerichtet wurde (www.ov.ingv.it, Museum Mo–Fr 9–14, Sa, So 10–14 Uhr). Unterhalb des Kraters gibt es einen Parkplatz, von dem aus der Kraterrand zu Fuß erreichbar ist (Zugang Jan.–März, Nov., Dez. 9–15, Sept., Okt. 9–17, April, Mai 9–17.30, Juni–Aug. 9–18.30 Uhr, Eintritt 6,50 €, Parken 2,50 €).

7 ***Hercula-neum 2

Die Bergstraße vom Vesuv hinunter führt direkt in den modernen Ort **Ercolano.** Er liegt im wörtlichen Sinne über den Ausgrabungen des antiken Herculaneum. Den Eingang zum archäologischen Gelände erreicht man über die Hauptstraße Via Ercolano. Für eine Besichtigung sind am Eingang gedruckte Führer in mehreren Sprachen erhältlich (Nov. bis März 8.30–17, sonst bis 19.30 Uhr, letzter Einlass 1,5 Std. vor Schließung, Eintritt 11 €, erm. 5,50 €). Für die Ausgrabungen am Fuß des Vesuvs

Herculaneum – Konservierter Alltag

Bevor Herculaneum römisch wurde, war es eine griechische Siedlung. Der Legende nach soll Herakles sie gegründet haben, weshalb sie den Namen Herakleion trug. Im 5. Jh. v. Chr. besetzten die Osker die Stadt, ein samnitischer Volksstamm aus dem südlichen Apennin, der jedoch längst unter dem Einfluss der griechischen Kolonisten stand. Die Legionen des römischen Konsuls Sulla eroberten die Stadt sodann im Jahr 89 v. Chr., und Herculaneum mauserte sich zu einem beliebten Feriendomizil der römischen Patrizier. Doch war Herculaneum ebenso wenig wie Pompeji ein reiner Urlaubsort, vielmehr eine lebendige, ganzjährig bewohnte Stadt mit etwa 5000 Einwohnern.

Nach dem Vesuvausbruch 79 n. Chr. geriet Herculaneum völlig in Vergessenheit. 1709 stieß man erstmals auf Überreste; systematische Ausgrabungen wurden jedoch erst 1927 in Angriff genommen. Keine andere Ruinenstadt (auch nicht Pompeji) ist so gut erhalten wie diese, und nirgendwo kann man sich den Alltag der alten Römer besser vergegenwärtigen als hier.

Zu verdanken ist dies der gänzlich undurchlässigen Lava-Schlamm-Schicht, die Herculaneum fast 2000 Jahre lang vor allen zersetzenden Umwelteinflüssen schützte. Die Schicht hatte sich zu Tuffstein verhärtet, so dass Herculaneum mehr »ausgestochen« als ausgegraben werden musste. Bis heute ist weniger als die Hälfte der Stadt freigelegt; vor allem im Norden und Nordwesten liegen weite Bereiche noch unter dem modernen Ort Ercolano begraben.

Echt gut!

kann man Einzel- oder Sammeltickets erwerben. Letztere sind 3 Tage für den Besuch mehrerer archäologischer Stätten gültig (❯ S. 66, www.pompeiisites.org). Empfehlenswerte Audioguides werden an den Kassen verliehen!

Ein Netz rechtwinklig sich kreuzender Straßen durchzieht die Ruinenstadt. Die drei von Nord nach Süd parallel laufenden Hauptstraßen werden **Cardines** genannt (Cardo III, IV, V; Cardines I und II sind noch nicht ausgegraben), die beiden Querstraßen heißen **Decumano Inferiore** und **Decumano Massimo-Foro**; als **Insulae** bezeichnet man die angrenzenden Häuserblocks. Hier wird nur auf die wichtigsten Häuser *(case)* aufmerksam gemacht.

Cardo IV

Im Cardo IV findet sich die *Casa dell'Atrio a mosaico, die eine Reihe von reich ausgeschmückten Wohnräumen und in ihrem Atrium einen dekorativen Mosaikfußboden bewahrt. Die ***Casa del Tramezzo di legno,** das Haus mit der hölzernen Scheidewand, ist **eines der am besten erhaltenen Wohnhäuser der Antike.** Echt gut!

Jenseits des Decumano Inferiore liegen die *Thermen aus dem Jahr 10 v. Chr. Die antike Badeanlage ist aufgeteilt in ein Männer- und Frauenbad: Einem Umkleideraum (mit Marmorsesseln) sind das Frigidarium (Kaltwasserbad), das Tepidarium (Warmwasserbad) und ein Waschraum angegliedert. Stuckverzierungen, Mosaikböden und Wandbemalungen verliehen dem Bad Eleganz.

An der Ecke Cardo IV/Decumano Inferiore stößt man auf die *Casa Sannitica, eines der ältesten Häuser noch aus vorrömischer Zeit. Zwei Eingänge weiter ist in

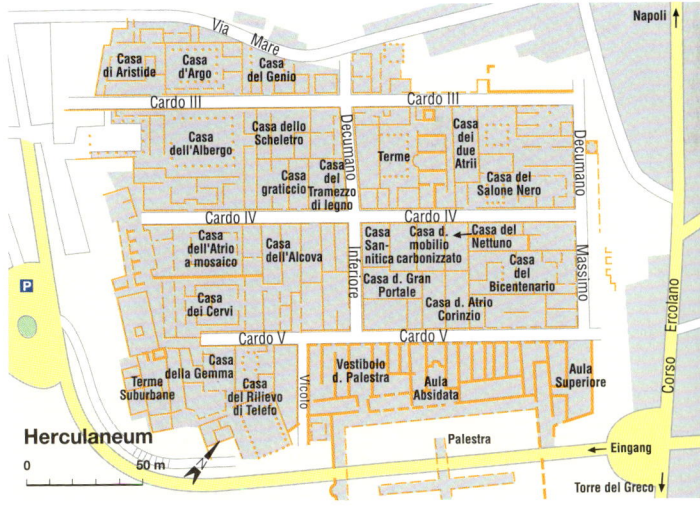

der ebenfalls vorrömischen **Casa del mobilio carbonizzato** u.a. antikes Essgeschirr zu bewundern.

Es folgt die zweistöckige, sehr gut erhaltene *****Casa del Nettuno,** die einem reichen Weinhändler gehörte; sein Laden lag im Erdgeschoss, wo man noch heute die für den Verkauf nötigen Gerätschaften besichtigen kann. Das Innere des Hauses wartet mit einer besonders schönen Mosaik- und Freskoausschmückung auf.

An der Querstraße Decumano Massimo biegt man nach rechts ab zur *****Casa del Bicentenario.** In dieser vornehmen Villa sieht man noch Mosaiken, Fresken und Marmorböden. In einem kleinen Raum im 1. Stock ist ein Kruzifix an die Wand gemalt; hier wurde der vermutlich älteste christliche Kultraum entdeckt.

Cardo V

Im Cardo V ist die *****Casa dei Cervi** zu bewundern, eines der am prächtigsten ausgestatteten Wohnhäuser Herculaneums. Seinen Namen »Haus der Hirsche« verdankt es einer einzigartigen Skulpturengruppe mit von Hunden gehetzten Hirschen *(cervi).* Die wertvollsten Teile der Fresken sind abgetragen und ins Archäologische Nationalmuseum von Neapel ❭ S. 46 überführt worden. Eine Statue des trunkenen Herkules, ein »Satyr mit Weinschlauch« sowie die spielerisch-eleganten Wandmalereien sind jedoch in diesem Haus noch zu besichtigen.

Die *****Casa del Rilievo di Telefo,** die zu den großen, reich ausgestatteten Herrschaftshäusern des Ortes gehörte, ist nicht gut erhalten. Sie bewahrt jedoch ==wunderschöne Marmordekorationen== und ein Telephos-Relief, das die Mythen von Orest und Telephos, dem Sohn Herakles', darstellt.

Am Ende des Cardo V liegen die *****Terme suburbane,** ein Badehaus mit einem schönen Portal, durch das man in die Baderäume hinuntersteigt.

Echt gut

Das moderne Ercolano wurde über den Ruinen von Herculaneum errichtet

Villa dei Papiri

Zu den bedeutendsten Funden gehört auch die Villa dei Papiri (1. Jh. v. Chr.), die außerhalb der Ruinenstadt steht. Hier hat man eine wertvolle Bibliothek ausgegraben, die heute im Nationalmuseum von Neapel zu sehen ist.

Torre del Greco 3

Mehrfach zerstörten Lavaströme des Vesuvs den Ort im Lauf seiner Geschichte. Bekannt ist er wegen der traditionellen Korallenverarbeitung, die immer noch floriert. Die Rohkorallen stammen inzwischen aus fernen Meeren, die wenigen Korallenarten im Mittelmeer sind streng geschützt. Ohne Bedenken kann man im örtlichen **Korallenmuseum** die Kunstfertigkeit der Korallenschnitzer bestaunen (Museo del Corallo, Piazza Luigi Palomba 6, Mo–Sa 9 bis 12 Uhr, Tel. 08 18 81 13 60).

Torre Annunziata 4

In der lebhaften Industriestadt (48 000 Einw.) haben viele Neapolitaner (Schwarz-) Arbeit gefunden. Hier erstreckt sich der traditionelle Volksbadestrand der Neapolitaner. Seit 1967 wird im Südosten der Stadt eine zu Pompeji gehörende römische Kaiservilla freigelegt, in der **ein monumentaler Freskenzyklus** erhalten ist: die luxuriöse ****Villa Oplontis,** mit 37 Räumen, einem Atrium, Innenhöfen und Gärten. Eine

schöne, von Statuen umstandene riesige Schwimmbeckenanlage vor der Villa bot den Bewohnern sommerliche Erfrischungsbäder (Nov.–März 8.30–17, sonst bis 19.30 Uhr, letzter Einlass 1,5 Std. vor Schließung, 5,50 €, erm. 2,75 € oder Sammelticket **›** S. 66).

***Pompeji 5

Die ältesten Funde Pompejis reichen bis ins 6. Jh. v. Chr. zurück. Der hier ursprünglich siedelnde italische Volksstamm geriet jedoch schon bald unter die Herrschaft der Griechen von Cumae und Neapolis. Eine Reihe von Bauten zeugt stilistisch von dieser Siedlungszeit. Seine eigentliche Prägung, die noch heute vorhanden ist, erhielt Pompeji vorrangig zur Zeit der Römer, die die Stadt im Jahr 89 v. Chr. unter Konsul Sulla eroberten.

Das reiche Pompeji, ein ganzjährig bewohnter Villenort wohlhabender Römer, besaß eigene Industrie. Quellen des Reichtums waren die fruchtbaren Vesuvhänge und das Meer. Pompeji exportierte Wein, Olivenöl, Rosenessenz, Textilien aus Schafwolle sowie Fisch, der in Amphoren konserviert wurde. Ein Großteil der Arbeit erledigten Sklaven, die 40 % der Bevölkerung stellten. In antiken Zeiten lag Pompeji als Hafenstadt direkt am Meer (heute ist das Meer durch die fortschreitende Versandung 2 km entfernt). Der Katastrophe von 79 n. Chr. ging im Jahr 62 ein Erdbeben voraus, das viel Zerstörung brachte.

cht gut!

Das Odeon von Pompeji bot einst 1000 Zuschauern Platz

Als der Vulkan ausbrach, befand sich Pompeji vielerorts noch im Wiederauf- bzw. Umbau. Die reichen Pompejaner hatten die Beschädigungen durch das Erdbeben zum Anlass genommen, ihre Stadt noch prächtiger zu gestalten. Nach der Vulkankatastrophe geriet Pompeji für anderthalb Jahrtausende in Vergessenheit.

Ausgrabungsgelände

Pompeji als Stadt bleibt trotz des an ihr betriebenen Raubbaus wegen der immer noch sehr zahlreich verbliebenen Mosaiken und Wandmalereien sowie der **bestens erhaltenen urbanen Struktur** einzigartig. Wie in den heutigen italienischen Städten auch, gibt es eine Piazza (Forum) mit Kirche

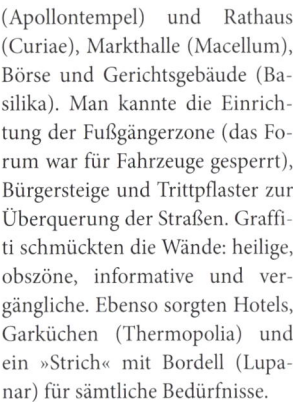

(Apollontempel) und Rathaus (Curiae), Markthalle (Macellum), Börse und Gerichtsgebäude (Basilika). Man kannte die Einrichtung der Fußgängerzone (das Forum war für Fahrzeuge gesperrt), Bürgersteige und Trittpflaster zur Überquerung der Straßen. Graffiti schmückten die Wände: heilige, obszöne, informative und vergängliche. Ebenso sorgten Hotels, Garküchen (Thermopolia) und ein »Strich« mit Bordell (Lupanar) für sämtliche Bedürfnisse.

Das Ausgrabungsgelände ist so reich an sehenswerten Häusern und Villen, dass hier nur die wichtigsten erwähnt werden können. Am Eingang gibt es Gratispläne und Führer. Infos unter: www. pompeiisites.org. Der Rundgang erfordert mehrere Stunden (Nov. bis März 8.30–17, sonst bis 19.30 Uhr, letzter Einlass 1,5 Std. vor Schließung, 11 €, erm. 5,50 € oder Sammelticket > S. 66).

*Terme Suburbane

Die luxuriösen Thermen vor der Porta Marina können nach Voranmeldung an der Kasse (kein Aufpreis) besichtigt werden. Erotische Wandfresken verraten, dass hier auch Prostituierte ihre Dienste anboten.

Rund um das *Forum

Beim Haupteingang, der Porta Marina, beginnt die Via Marina. Sie mündet auf dem *Forum ⓐ, dem politischen, religiösen und wirtschaftlichen Zentrum Pompejis, zugleich Kernstück des ältesten Stadtteils. Schon in der An-

cht gut!

tike bezauberte der **Blick von diesem lang gestreckten Platz,** den ursprünglich an drei Seiten überdachte Säulenkolonnaden umgaben. Die wichtigsten öffentlichen Gebäude grenzen daran: Der *Apollontempel ❻ links, das größte Heiligtum der Stadt, wurde bereits im 6. Jh. v. Chr. gegründet und unter römischer Herrschaft stark verändert. Dem Tempel gegenüber liegt die *Basilika ❻, einst Börse und Gerichtsgebäude (2. Jh. v. Chr.). Der ans Forum grenzende *Bau der Eumachia ❹ mit Säulenportikus und reliefgeschmücktem Portal war Sitz der Tuchhändler, der wichtigsten und wohlhabendsten Zunft Pompejis. Es folgt der **Vespasianstempel ❺,** ein dem Kaiserkult geweihtes Gebäude.

Von den einstigen Fresken der Innenwände des benachbarten *Macellum ❻, der Markthalle, ist nur ein Stück erhalten. Ein Fries zeigt, was hier verkauft wurde: Fisch, Geflügel, in Amphoren Eingelegtes. An der nördlichen Schmalseite des Forums steht der *Jupitertempel ❾, der vom Erdbeben 62 n. Chr. stark beschädigt worden war und sich 79 noch im Wiederaufbau befand.

Die Katastrophe des Jahres 79 n. Chr.

Es begann mit einem heftigen Erdstoß am späten Vormittag des 24. August. Es war Ferienzeit, Pompeji war »ausgebucht«. Bald sahen die erschrockenen Pompejaner, wie eine riesige dunkle Wolke aus dem Vesuv emporschoss und rasch die Form einer Pinie annahm. Der Himmel wurde schwarz, ein Geruch nach Brand und Schwefel machte sich breit, und kurz darauf begann es, glühend heiße Asche und Steine zu regnen.

Das Sterben dauerte Stunden und Tage. Als der Aschen- und Steinregen stärker wurde, wussten die Menschen nicht, ob sie besser im Haus bleiben oder fliehen sollten. Manche banden sich Kissen über den Kopf und liefen zum Strand. Doch es gab kein Entkommen, denn das Meer war zu aufgewühlt, um den Fluchtversuch per Schiff zu gestatten, und viele erstickten an den giftigen Schwefeldämpfen. Diejenigen, die in den Häusern und Kellern geblieben waren, ereilte ein umso sichereres Ende, denn rasch waren Straßen und Höfe gänzlich zugeschüttet. Ihre Körper hinterließen Hohlräume in der Lavaschicht, die der erfindungsreiche Archäologe Giuseppe Fiorelli (um 1870) mit Gips ausgoss; eine Methode, die bis heute das Sterben der Pompejaner, Sklaven, Herren und Hunde auf erschütternde Weise nachvollziehen lässt.

Als der Aschenregen schließlich aufhörte, lag Pompeji unter einer bis zu 7 m hohen Schicht. Den überlebenden Pompejanern wurde schnell klar, dass eine Freilegung der Stadt unmöglich war. Um so viel wie es ging von ihrem Hab und Gut zu retten, gruben sie von oben Wege durch die Asche hindurch in ihre Häuser und durchbrachen Wände, um von einem Raum in den anderen zu gelangen. Einiges konnte so geborgen werden, doch das meiste blieb verschüttet.

*Lupanar und *Thermen

Auf der Via degli Augustali erreicht man das ***Lupanar ❶**, Pompejis Freudenhaus. Wegen seiner erotischen Darstellungen und obszönen Graffiti darf es erst seit den 1950er-Jahren auch von Frauen besichtigt werden. Es ist jedoch weit weniger schockierend, als man meint. Das Haus ist

in kleine Zimmer eingeteilt, über deren Türen kleine Fresken auf die zu erwartenden Liebesdienste einstimmen sollten.

An der Via dell'Abbondanza liegen die sog. ***Stabianer Thermen ❶**. Diese größte und älteste Badeanstalt, in der Männer und Frauen getrennt badeten, war großzügig ausgestattet und besaß ein Bassin unter freiem Himmel.

❶ Forum	❶ Stabianer Thermen	❶ Fassadenmalereien einer Wollweberei
❶ Apollontempel	❶ Foro Triangolare	
❶ Basilika	❶ Samnitische Palästra	❶ Casa di Loreius Tiburtinus
❶ Bau der Eumachia	❶ Isistempel	
❶ Vespasianstempel	❶ Odeon/Teatro Piccolo	❶ Casa di Venere
❶ Macellum		❶ Casa del Centenario
❶ Jupitertempel	❶ Teatro Grande	❶ Casa di Lucretius Frontone
❶ Lupanar	❶ Casa di Menandro	

Sehenswert sind die Stuckarbeiten und Malereien (im vierten Stil ❯ S. 78) im Männerbad. Es gibt mehrere Baderäume (Warm- und Kaltwasserbäder, Umkleide- und Ruheräume), die von der hoch entwickelten Badekultur der Römer zeugen. Die Thermen waren beheizt: Durch die eingestürzten Fußböden kann man in die Heißluftkammern blicken.

Pompeji (Pompei)

0   200 m

Pompei, Salerno ❯

- **u** Casa delle Nozze d'Argento
- **v** Casa dei Vetti
- **w** Casa del Labirinto
- **x** Casa del Fauno
- **y** Casa del Poeta Tragico
- **z** Via dei Sepolcri

Am *Foro Triangolare

Am Ende der Via dei Teatri erstreckt sich das ***Foro Triangolare** ❶. Dieser Komplex, einer der eindrucksvollsten Orte der Ruinenstadt, diente schon in vorrömischer Zeit als Kultstätte. In dem südlichen Teil stand ein griechischer Tempel aus dem 6. Jh. v. Chr., von dem noch Säulen und einige Kapitelle erhalten sind, sowie ein Brunnenhaus (2. Jh. v. Chr.). Die vier Säulen am nördlichen Ende, das Propyläum, stammt hingegen aus römischer Zeit.

Im kleinen Säulenhof einer **samnitischen Palästra** ❷ wurde die vornehme Jugend Pompejis erzogen. Nach dem Erdbeben von 62 entstand auf einem Teil der Palästra ein ***Isistempel** ❸ auf hohem Podium: Der ägyptische Isiskult war in Pompeji hoch angesehen. Ein kleiner, stuckverzierter Bau im Inneren führt zu einem unterirdischen Becken mit Weihwasser aus dem Nil. Die Fresken aus den anschließenden Priesterräumen zeigt heute das Nationalmuseum in Neapel ❯ S. 46.

Inmitten des Gebäudekomplexes lagen zwei Theater. Das kleinere, das sog. ***Odeon** oder **Teatro Piccolo** Ⓜ wurde um 80 v. Chr. erbaut. Die Stufen des Halbrunds sind fast vollständig erhalten. Das anschließende, 220 v. Chr. im griechisch-hellenistischen Stil errichtete ***Teatro Grande** Ⓝ bot 5000 Zuschauern Platz und diente u.a. für Gladiatorenkämpfe. In der Orchestra, dem der Bühne vorgelagerten Boden, waren Becken eingelassen, so dass das Theater zeitweise geflutet werden konnte.

Im Juli/August finden im Amphitheater und Teatro Grande die Echt gut ! **Musik- und Theaterfestspiele Classico Pompeiano** mit renommierten internationalen Künstlern statt. Termine und Karten über die A.A.S.T. ❯ S. 81.

Im östlichen Ausgrabungsgelände

Weiter östlich erreicht man mit der ***Casa di Menandro** Ⓞ eines der repräsentativsten Häuser von Pompeji. Das herrschaftliche Stadthaus war über 300 Jahre hinweg bewohnt und mehrfach umgebaut worden, wie die hervorragenden Malereien im zweiten und vierten Stil beweisen. Das kleine, stuck- und mosaikverzierte Privatbad hat die Jahrhunderte gut überstanden.

Die ***Via dell'Abbondanza, die Hauptgeschäftsstraße von Pompeji** mit Handwerksläden, Garküchen, Schankstuben, Webereien, Färbereien und Bädern, zieht sich vom Forum bis ans Ende des Ausgrabungsareals. Ins schwarze Basaltpflaster sind in Abständen Trittsteine eingelassen, damit die Fußgänger trockenen Fußes über die Straße kamen. In einer der Seitenstraßen sieht man unter Schutzdächern **Fassadenmalereien einer Wollweberei** Ⓟ, darauf u.a. die Venus Pompeiana, deren Wagen von vier Elefanten gezogen wird.

Eines der größten Anwesen in Pompeji ist die ***Casa di Loreius Tiburtinus** Ⓠ. Beim Anblick des

Echt gut

Echt gut

Die vier Stile der Wandmalerei

Die eigentliche Blütezeit der Stadt dauerte zwar nicht länger als 160 Jahre; trotzdem unterscheidet man vier aufeinanderfolgende pompejische Stile und Moden: Zum **ersten Stil** (bis 80 v. Chr., vorrömische Zeit) werden plastische Wanddekorationen, Stuckarbeiten und Mosaike gerechnet, die meist ohne figürliche Darstellung sind. Der **zweite Stil** (bis 20 v. Chr.) bringt eine perspektivisch-illusionistische Gestaltung der Wandmalerei und große Freskenzyklen wie in der Villa dei Misteri. Mit dem **dritten Stil** (bis 50 n. Chr.) treten Landschaftsbilder und mythische Darstellungen an die Stelle architektonischer Perspektiven. Manieristische, räumlich-illusionistische Wandmalerei mit Fabelwesen und dekorativen Girlanden gewinnen mit dem **vierten Stil** wieder die Oberhand (ab 50 n. Chr.). Allen vier Stilepochen gemein ist die Verwendung des weithin berühmten pompejischen Rots.

herrlichen Gartens mit Portikus, Pergola und einem Kanal mit Brückchen und Statuetten zur Seite wird der frühere Luxus wieder lebendig. Gleich daneben wartet die **Casa di Venere** mit der eindrucksvollen Darstellung einer Venus in einer Muschel aus der Spätzeit Pompejis auf.

In einer Mulde versteckt liegt das ***Amphitheater.** Das Riesenstadion für 20 000 Menschen ist das älteste erhaltene Amphitheater (um 80 v. Chr.). 59 n. Chr. soll es hier zu blutigen Kämpfen zwischen den Zuschauern gekommen sein. Das Theater wurde daraufhin für zehn Jahre geschlossen.

Der Norden des Areals

Eine Reihe von berühmten pompejischen Häusern ist im Norden zu besichtigen. Teilweise sind deren kostbare Malereien noch vor Ort zu sehen. Die **Casa del Centenario** ist ein großes Gebäude mit zahlreichen Tier- und Landschaftsmalereien. Die **Casa di Lucretius Frontone** , eines der besterhaltenen Häuser des dritten Stils, liegt in einer Seitenstraße der Via di Nola: u.a. zieren Medaillons mit schwebenden Erosfiguren die Wände.

Malereien des zweiten und vierten Stils sind in der **Casa delle Nozze d'Argento** zu sehen. Der Bau stammt noch aus vorrömischer Zeit.

Das wohl berühmteste Haus des Ausgrabungsgeländes ist die ***Casa dei Vetti** aus den letzten Jahrzehnten Pompejis, die üppig mit Wandmalereien ausgestattet

Erotisches Kabinett: Fresko im Venereum der Casa dei Vetti

ist. Besitzer waren zwei durch Weinhandel reich gewordene Brüder. Am Eingang rechts zeigt ein pikantes kleines Fresko einen Priapus (Fruchtbarkeitsgott) mit einem Riesenphallus, den er kaum zu halten vermag. Um das Atrium herum gruppieren sich die ausgemalten Räume: links ein in Gelb gehaltener Raum, wo unter einem Fries mit Fischen und mythologischen Szenen die verlassene Ariadne sowie Hero und Leander zu erkennen sind. Im benachbarten weißen Raum faszinieren das Abbild des Zeus sowie der Leda mit dem Schwan; ein weiterer Raum ist ebenfalls mit mythologischen Wandmalereien ausgestattet.

Danach betritt man das **Peristyl, einen schönen säulenumstandenen Innengarten** mit Statuetten, Becken und Tischen. Der große Raum an der Schmalseite birgt die berühmtesten Motive: Auf einem schwarzen Fries sind Amoretten bei der Verrichtung alltäglicher Arbeiten dargestellt, in der Mitte der Felder legendäre

Echt gut!

Liebespaare. Dominierend sind Pompejisch-Rot und Schwarz.

Hinter einem kleineren Peristyl liegt ein weiterer reich ausgestatteter Salon. Auf großen roten Feldern führt Dädalus der Pasiphaë die künstliche Kuh vor, wird Ixion seiner Freveltaten wegen von Hera an das hölzerne Rad gebunden, findet Dionysos die schlafende Ariadne. Theatermasken und Getreideflechten runden die Gemälde ab. Über das Atrium gelangt man in ein kleines Nebenatrium, hinter dem die Küche lag, sowie ein mit erotischen Darstellungen ausgemaltes **Venereum** (Venusheiligtum).

Das Nachbarhaus, die **Casa del Labirinto** W aus samnitischer Zeit, bewahrt Malereien des zweiten Stils und ein Bodenmosaik, auf dem Theseus und Minotaurus dargestellt sind. Pompejis größtes Haus, die ***Casa del Fauno** X, besitzt mehrere Innenhöfe (Atrien), einen Obstgarten, vier Speisezimmer (Triklinien) und eine Reihe weiterer Räume. Hier und

in den beiden Flügeln zu Seiten des ersten Atriums wurden einige der schönsten Mosaiken gefunden, u.a. die »Alexanderschlacht« (Kopie vor Ort, Original im Nationalmuseum von Neapel > S. 46). Auch das Original der Bronzestatuette, ein tanzender Faun, der dem Haus seinen Namen gab, ist zu sehen. Berühmt ist das Bodenmosaik im Eingang der ***Casa del Poeta Tragico** Y: ein Kettenhund samt der Inschrift »Cave canem« (Vorsicht vor dem Hund).

Ein wenig bekannter Spaziergang verläuft an den antiken Mauern von Pompeji entlang. Der schönste Abschnitt beginnt an der Porta Ercolano und führt über die Porta di Nola bis zum botanischen Garten in der Via dell'Abbondanza. Meist von erhöhter Warte aus überblickt man die Stadt, schattige Bänke laden zu stiller Betrachtung ein.

Vor den Stadtmauern

Außerhalb der eigentlichen Stadt liegt die ***Via dei Sepolcri** 2, die

Archäologen auf der Jagd

Die Wiederentdeckung Pompejis erfolgte um 1600, doch richteten die ersten Archäologen Schaden dadurch an, dass ihr Interesse nicht der Freilegung der Stadt galt, sondern hauptsächlich der Bergung der begehrten Antiquitäten. Die ausgegrabenen Häuser wurden danach oft einfach wieder zugeschüttet. Die kostbaren Vasen, Statuen und Fresken hingegen wanderten in die Sammlungen der Fürstenhäuser, die später als Vermächtnisse nach und nach dem Archäologischen Nationalmuseum von Neapel zugingen, wo heute die wichtigsten Kunstwerke zu besichtigen sind > S. 46. Erst bei den **Scavi Nuovi** (neuen Ausgrabungen, seit 1911) beschloss man, die Funde an Ort und Stelle zu belassen. Dieser Teil der Ausgrabungen ist deshalb besonders faszinierend, da er ein vollständiges Bild des verschütteten Pompeji wiederzugeben vermag.

Gräberstraße, wo die Toten begraben wurden. Gräber und Mau-
soleen sind reich mit Marmorar-
chitraven, Reliefs und Statuen
geschmückt.

Eine der wenigen erhaltenen
Vorstadtvillen Pompejis und eines
der sehenswertesten antiken Bau-
denkmäler ist die ***Villa dei Misteri** am Nordwestrand des Areals.
Ihren Namen verdankt sie den
reichen Wandmalereien, die dem
Dionysos-Kult und seinen Mysterien gewidmet sind. Im Speisesaal
werden die Mysterien in einer fast
lebensgroßen, 17 m langen Szene-
rie vor Augen geführt. Der ****antike Freskenzyklus** der Brauteinweihung ist für viele das Schönste,
was Pompeji zu bieten hat.

Die Brauteinweihung: Freskenzyklus in der Villa dei Misteri

Kleines, freundliches und helles Hotel
mit Garten nahe beim Bahnhof. ●

Capri, Ischia und Procida

Nicht verpassen!

- Eine Bootstour um Capri mit dem Besuch der Blauen Grotte krönen
- Einen Abend auf Capris Piazzetta genießen
- Sich in einem der Thermalgärten auf Ischia verwöhnen lassen
- Ischias Traumstrand Lido dei Maronti in Augenschein nehmen
- Einen Blick auf Procidas Bilderbuchdorf Corricella werfen

Zur Orientierung

Capri ist überraschend klein, nur 6 km lang und 3 km breit – und trotzdem eine der berühmtesten Inseln der Welt. Im Gegensatz zu Ischia und Procida ist Capri nicht vulkanischen Ursprungs, sondern geologisch gesehen ein Splitter der Sorrentinischen Halbinsel, ein Kalkfelsen, der erst während der letzten Eiszeit vom Festland abgetrennt wurde. Nur an zwei Stellen senkt sich die grün überwachsene Kuppe zum Meer hinab und gibt einer natürlichen Hafenanlage und kurzen Stränden Raum. Schon die römischen Kaiser Augustus und Tiberius waren dem Zauber der Insel verfallen.

Doch mit dem Untergang des Römischen Reichs geriet auch Capri in Vergessenheit. Erst die Wiederentdeckung der Blauen Grotte 1826 katapultierte es in den Mittelpunkt des aufkeimenden Tourismus. Bis heute hat Capri nichts von seiner Faszination verloren und wird deshalb im Sommer von Tagesausflüglern förmlich überschwemmt. Nur wer sich diesem Massenansturm durch einen Besuch in der Vor- und Nachsaison entzieht, wird die wahre Schönheit Capris erleben, seine üppige Vegetation, die praktisch das ganze Jahr über in Blüte steht, die schroffen Küsten mit den weltberühmten Faraglioni-Felsen oder

Blick auf den Fischerhafen von Sant'Angelo, Ischia

die winzige Altstadt mit der Piazzetta als Höhepunkt.

Mit einer Fläche von 46 km² ist **Ischia** die größte Insel im Golf. Zusammen mit der viel kleineren Tochterinsel Procida ist sie vulkanischen Ursprungs und gehört geologisch zum Gebiet der *Campi Flegrei* auf dem Festland. Die Krater des Monte Epomeo (787 m) in der Inselmitte sind zwar schon seit Jahrhunderten erloschen, doch zahlreiche, teils radioaktive Thermalquellen, die schon Homer in der »Ilias« erwähnte, zeugen vom noch immer lebendigen Vulkanismus. Die vielerorts an die Oberfläche tretenden mineralhaltigen Thermalquellen haben ab den 1950er-Jahren einen boomenden Bädertourismus begründet. Dutzende Thermalgärten und Hunderte Hotels sind seitdem entstanden, fast 90 % der Gäste kommen aus Deutschland.

Wer kennt schon **Procida?** Es ist die unbekannte Insel im Golf, nicht Ziel der Schönen und Reichen wie Capri oder der Badetouristen, die es nach Ischia zieht. Ein bescheidener Tourismus hat die Ursprünglichkeit der kleinen Insel bewahrt. So muss es früher auf allen Golfinseln ausgesehen haben. Dabei braucht sich Procida hinter ihren berühmteren Schwesterinseln nicht verstecken. Schon der Hafenort überrascht mit seinen pastellfarbenen Häusern, im Hintergrund thront die Altstadt

Terra Murata. Procida ist außerhalb des Hauptorts eher dünn besiedelt – kleine weiße Bauernhäuser leuchten hier und da, ansonsten ist das Eiland »nichts« als ein Garten im Meer. Die Insel ist von Zitronenbäumen geradezu überflutet, unter den Zitruspergolen wächst alles, was die fruchtbare Lavaerde gedeihen lässt: Artischocken, Melonen und Wein. **Echt gut!** **Procida rühmt sich der schmackhaftesten Limonen des Landes.**

Touren in der Region

Capris Schönheiten

> ——🔞 **Marina Grande** ❯ **Capri-Stadt** ❯ **Villa Jovis** ❯ **Arco Naturale** ❯ **Marina Piccola** ❯ **Capri-Stadt** ❯ **Blaue Grotte** ❯ **Anacapri** ❯ **Capri-Stadt**

Dauer: 2 Tage
Praktische Hinweise: Beste Reisezeit ist jeweils die Vor- und Nachsaison. Regelmäßiger Busverkehr zwischen Capri-Stadt und Anacapri, ansonsten lässt sich die Insel sehr gut zu Fuß erkunden.

Die Fähren vom Festland legen im Hafen **Marina Grande** ❯ S. 86 an, doch die meisten steigen gleich in die Seilbahn und lassen sich in wenigen Minuten hinauf nach **Capri-Stadt** ❯ S. 86 bringen. Bereits nach wenigen Schritten steht man dann auf der ***Piazzetta,*** *dem* Treffpunkt der Insel. Schon auf diesem wunderschönen Platz fällt auf, dass auf Capri alles ein wenig kleiner als anderswo ist, die Häuser, die Gassen der Altstadt, als ob man sonst auf der Insel nicht alles unterbekommen

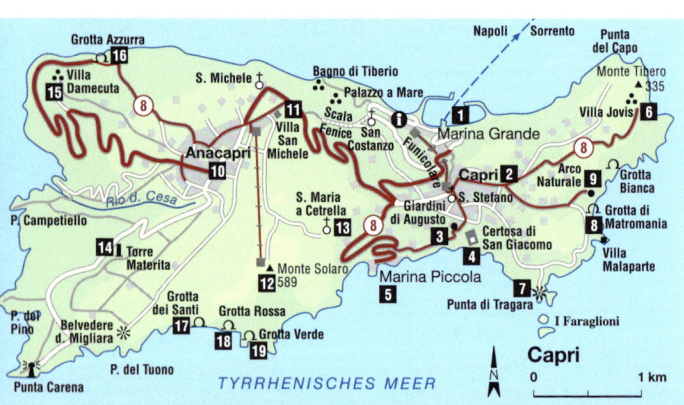

——🔞 **Capris Schönheiten** Marina Grande ❯ Capri-Stadt ❯ Villa Jovis ❯ Arco Naturale ❯ Marina Piccola ❯ Capri-Stadt ❯ Blaue Grotte ❯ Anacapri ❯ Capri-Stadt

hätte. Nach einem Spaziergang durch die engen Gassen von Capri-Stadt schließen sich die Wanderung zur *Villa Jovis › S. 88, zum *Arco Naturale › S. 88 und über die atemberaubende Via Krupp zum Badeort **Marina Piccola** › S. 88 an. Da es jetzt schon Nachmittag ist, wird es Zeit, zur Piazzetta zurückzukehren und bei einem Kaffee zuzuschauen, wie die letzten Tagesausflügler gen Festland verschwinden.

Am nächsten Tag steht, allerdings nur bei Sonnenschein und ruhiger See, die Bootsfahrt zur **Blauen Grotte › S. 91 auf dem Programm. Danach bleibt noch die *Villa San Michele in *Anacapri › S. 89 zu besuchen und mit dem Sessellift auf den **Monte Solaro** › S. 90 zu schweben. Den Abend lässt man in einem Restaurant in Capri-Stadt ausklingen.

Felsentor Arco Naturale auf Capri

Inselrundtour Ischia

> **● 9 ● Ischia Porto › Ischia Ponte › Casamicciola Terme › Lacco Ameno › Forio › Sant' Angelo › Lido dei Maronti › Ischia-Stadt**
>
> **Dauer:** 2 Tage
> **Praktische Hinweise:** Die Inselrundfahrt macht man am besten mit dem eigenen Auto; wer ohne unterwegs ist, findet in Ischia-Stadt mehrere Autovermietungen. Karte › S. 94

Nach einem kurzen Spaziergang durch **Ischia Porto** › S. 94 sollte man unbedingt das *Castello Aragonese › S. 95 in Ischia Ponte

besichtigen, das malerisch auf einem Felsen thront. Zurück in Ischia Porto geht es entlang der Küste nach **Casamicciola Terme** › S. 98, einem der größten Zentren für Thermalkuren.

Wer gut zu Fuß ist, unternimmt einen Abstecher zum **Monte Epomeo** › S. 98, 103. Ansonsten fährt man an der Küste entlang zum nächsten Ort, *Lacco Ameno › S. 99, dessen Wahrzeichen der steinerne Pilz im Meer ist. In *Forio › S. 101 ist dann auch schon das Tagesziel erreicht, damit noch genügend Zeit für den Besuch der *Poseidon-Gärten bleibt.

Am nächsten Morgen geht es nach **Sant'Angelo** › S. 102, einem ehemaligen Fischerdorf, das malerisch auf einer Landzunge liegt. Viel Zeit sollte man sich für den wahrscheinlich schönsten Strand der Insel, den **Lido dei Maronti** › S. 104 nehmen, bevor es durchs Inselinnere zurück nach Ischia-Stadt geht.

Unterwegs auf den Inseln

 **Capri**

Marina Grande ❶

Der Hafen an der Nordküste empfängt Reisende mit freundlicher Lebhaftigkeit. Doch gleich halten sie Ausschau nach dem Weg, der sie ans eigentliche Ziel bringt, denn sie spüren: Diese pastellfarbene Häuserzeile vor schroffer Bergkulisse sieht zwar sehr hübsch aus, doch hier unten ist noch nicht das wahre Capri.

Zum Weiterkommen – und das bedeutet in jedem Fall: aufwärts – bieten sich mehrere Möglichkeiten an, die einfachste ist die Zugseilbahn *(Funicolare)* gleich gegenüber dem Kai. Man kann aber auch den Bus oder **ein Oldtimer-Taxi nehmen** und die lange Serpentinenstraße hinauffahren, was zwar entschieden mehr kostet, aber prompt das Gefühl vermittelt, Mitwirkender in einem Film über die 1950er-Jahre zu sein. Ist man gut zu Fuß und das Gepäck nicht zu schwer, kann man auch die Strada di San Francesco einschlagen, einen steilen Treppenweg, der sich durch Zitronengärtchen hinaufwindet – im Rücken stets das weite Meer.

Capri-Stadt ❷

Alle Wege aber münden schließlich auf die ***Piazzetta,** direkt im Herzen des Inselstädtchens Capri. Dörfliche Schlichtheit vermischt sich mit höchster Eleganz, nein, Extravaganz. **Eine geschlossene Architektur** von kleinen, sauberen Häusern mit Torbogen, Gässchen, einem Glockenturm und einer flach überkuppelten, maurisch anmutenden Kirche, dazu

Quirliger Mittelpunkt von Capri-Stadt ist die Piazzetta

ein Café neben dem anderen und ein lebhaftes Flanieren. An der Piazzetta endet jegliches Fahrverkehr. **Das Gepäck wird von Elektrokarren zum jeweiligen Hotel transportiert,** und unbeschwert macht man sich auf den Weg durch die Gassen und Gärten, das Meer immer im Blick.

Rund um die *Gärten des Augustus

Einige Fleckchen auf der Insel besitzen eine beinahe magnetische Kraft, die Besucher gewissermaßen von selbst anzieht. Ein solcher Ort sind die *Gärten des Augustus 3 (Giardini di Augusto), eine kleine botanische Anlage mit Aussichtsterrassen, die einen atemberaubenden Blick über die Südseite der Insel freigeben.

Im Vordergrund sieht man die flach überkuppelten Dächer der *Certosa di San Giacomo 4 die schon durch ihre großzügige Anlage beeindruckt. Die ältesten Teile dieses ehemaligen Kartäuserklosters gehen auf das Jahr 1371 zurück (tgl. außer Mo 9–14 Uhr, Eintritt frei). Sehenswert sind die kleine gotische, barock ausgemalte Kirche und die beiden Kreuzgänge, hinter deren Flanken die einstigen Mönchszellen liegen. In einem der Klosterflügel ist eine Bildergalerie eingerichtet, in der auf Capri entstandene Werke des deutschen Malers Karl Wilhelm Diefenbach ausgestellt sind.

Aus dem Dornröschenschlaf erwacht

Kein Wunder, dass die Schönheit Capris bereits den antiken Römern auffiel. Als Kaiser Augustus die Insel 29 v. Chr. entdeckte, begeisterte sie ihn so sehr, dass er sie gegen Ischia eintauschte. Sein Adoptivsohn und Nachfolger Tiberius zog sich schließlich ganz auf Capri zurück und regierte von hier aus das Weltreich. Doch in den nachfolgenden Jahrhunderten versank die Insel in einen Dornröschenschlaf: Das nun armselige Eiland bewohnten notleidende Bauern, die ihre Äckerchen bestellten und Regenwasser sammelten. Capri selbst besitzt keine Quellen, das lebensnotwendige Wasser wird heute durch eine Pipeline vom Festland geliefert. Nur Seeräuber statteten der Insel bisweilen einen »Besuch« ab. Die geschlossene Architektur der Piazzetta diente früher als kleine Bastion, die nur durch Torbogen erreichbaren Gassen ließen sich hermetisch abriegeln.

Die Wende in Capris Geschichte setzte erst wieder Ende des 19. Jhs. ein, als ein paar südensehnsüchtige Nordländer das Inselparadies für sich entdeckten. Zu den ersten prominenten Besuchern gehörte der Dichter August von Platen, es folgten Maler und Dichter des »Münchener Salons«, darunter Paul Heyse und Karl Wilhelm Diefenbach. Friedrich Krupp erstand auf Capri eine Villa, ebenso Maxim Gorki, der mehrfach Besuch von seinem Freund Lenin erhielt. Der berühmteste und verdienstvollste Wahl-Caprese aber war der schwedische Arzt Axel Munthe, dessen herrliche Villa in Anacapri ein Mekka aller romantischen Inselbesucher ist.

Genießen Sie unbedingt das **Panorama von der Aussichtsterrasse** aus: Links ragen die weltberühmten ***Faraglioni*** aus dem Wasser empor, drei mächtige Felsnadeln, die zum Wahrzeichen Capris geworden sind. Eine ansonsten nirgendwo vorkommende blaue Eidechsenart lebt auf den steinernen Türmen.

Rechts unterhalb der Aussichtsterrasse sieht man die felsigen Buchten Capris. In der Tiefe windet sich in sehr steilen Haarnadelkurven die **Via Krupp** den Felsenhang hinunter, wegen der Steinschlaggefahr lange Jahre gesperrt, nun aber wieder unbedenklich zu begehen. Friedrich Alfred Krupp (1854–1902), Enkel des Gründers der damals schon weltgrößten Gussstahlfabrik, ließ sich den Höhenweg als privaten Zugang zur Fra-Felice-Höhle anlegen. Krupp war einer der berühmtesten Wahl-Capresen, der hier u.a. Linderung seines Asthmas und Herzleidens suchte. Die Inselbewohner machten ihn zum Ehrenbürger.

Marina Piccola ⑤

Die Via Krupp endet in Marina Piccola, dem kleinen mondänen Badeort der Insel. Um die kleine, kiesige Bucht am türkisfarbenen Meer mit malerischen Riffen gruppieren sich Restaurants, eine Badeanstalt und ein Schwimmbad. Marina Piccola ist über die normale Straße von der Via Roma aus (nahe der Piazzetta des Inselorts) auch mit Linienbussen zu erreichen.

*Villa Jovis ⑥

Von dem antiken Kaiserpalast des Tiberius ist heute nicht mehr viel zu sehen. Es bedarf einiger Fantasie, um in den Mauerresten die diversen Vestibüle, Bäder, Kaiserloggien und Sklavenunterkünfte zu erkennen. Von der Piazzetta in Capri-Stadt aus führt ein ausgedehnter Spaziergang zwischen Villen und Gärten dorthin.

Über den z.T. konservierten Mosaikfußboden gelangt man ins Innere der Villa. Ihre einstigen Wohn- und Repräsentationsräume waren um ein Atrium mit vier großen Regenzisternen angelegt – die alleinige Süßwasserquelle für den Kaiser und seine zahlreiche Gefolgschaft (tgl. 9 Uhr bis 1 Std. vor Sonnenuntergang).

Das Ausgrabungsgelände erstreckt sich über eine stufenweise angelegte Fläche von 7000 m². Von deren höchstem Punkt, dem berüchtigten **Salto di Tiberio,** ließ der Kaiser angeblich missliebige Gäste, Frevler und unfolgsame Sklaven in das 300 m tiefer gelegene Meer hinunterstürzen. Heute dient der Felsen als Aussichtspunkt: Der Blick von hier auf die Sorrentinische Halbinsel ist umwerfend.

*Punta di Tragara und *Arco Naturale

Der **landschaftlich schönste Spaziergang führt zur Punta di Tragara und zum Arco Naturale.** Man startet auf der Piazzetta und wandert (am traditionsreichen Nobelhotel Quisisana nach links) durch die Via Tragara.

Am Ende des Spazierwegs lädt eine Aussichtsterrasse vor den *Faraglioni zur Pause ein. Der Weg biegt links ab und gabelt sich später: Ein schmaler Steig führt hinunter zum **Porto di Tragara,** einem winzigen Hafen im Schatten der aus dem Meer ragenden, imposanten Felsnadeln. Die römischen Kaiser ließen an dem versteckten Ort ihre Flotte ankern. Heute legen hier ein paar Jachten und Touristenboote an.

Von der *Punta di Tragara **7** wandert man nun treppauf, treppab, an verträumten Ferienvillen vorbei und schließlich nur noch durch Ginster und Macchia, stets mit **Fernblick auf die Felsküste der Sorrentinischen Halbinsel.** Unterhalb leuchtet in brandroter Farbe die Villa des italienischen Schriftstellers Curzio Malaparte – eigenwillig und provokant in der Form, die einem Schiffsrumpf nachempfunden ist.

Nach ca. 20 Min. erreicht man die *Grotta di Matromania **8**, eine Felsenhöhle, die bereits in römischer Zeit zu einem Nymphäum ausgebaut war. Der Anstieg über eine lange Treppe führt hinauf zum *Arco Naturale **9**, einem natürlichen Felsentor, das sich hoch über den Fluten erhebt. Von hier folgt man weiter dem Weg ins Inselinnere zur Via Matermania und dort nach links in den Ort Capri zurück.

*Anacapri **10**

Anacapri (wörtl.: »Ober-Capri«) erreicht man mit kleinen Linienbussen. Sie starten unweit der Pi-

Wahrzeichen Capris: die aus dem Meer ragenden Faraglioni

azzetta auf der Via Roma und meistern gekonnt die Serpentinenstraße entlang steiler Felsen sowie eine schwindelerregende Schwebebrücke. Angesichts der schier unüberwindlichen Klippen versteht man, weshalb die Bewohner Capris und Anacapris einander immer fremd waren.

Anacapri war bis 1878 nur auf der angeblich noch aus Phönizierzeiten (ca. 1000 v. Chr.) stammenden **Scala Fenicia** von der Marina Grande aus zu erreichen. Diese Treppe ist heute noch begehbar (etwa 800 meist aus dem Fels gehauene Stufen). Sie wurde wieder in Stand gesetzt und ist als Fußweg durchaus zu empfehlen.

Anacapri wirkt als Ort weniger kompakt als Capri; die Häuser

Pompejisch-rot erstrahlt eine der typischen Villen auf Capri

scher Funde. Größte Attraktion ist eine Sphinx (1300 v. Chr.), die man in Kalabrien ausgegraben hat. Ihr Platz ist standesgemäß am schönsten Aussichtspunkt seines Gartens (Mai–Sept. 9–18, März 9–16.30, April, Okt. 9–17, Nov. bis Febr. 9–15.30 Uhr, www.villa sanmichele.eu).

Ein Kleinod bewahrt das barocke Kirchlein *San Michele. Sein Äußeres ist schlicht, das achteckige Innere aber birgt einen pracht-vollen Majolika-Fußboden, der die Vertreibung von Adam und Eva aus dem Paradies (Leonardo Chiaiese, 1761) farbenprächtig vor Augen führt (April–Okt. 9 bis 19, sonst bis 14 Uhr).

Echt gut

Monte Solaro 12

Nur von Anacapri aus hat man Zugang zur höchsten Erhebung der Insel, dem **Monte Solaro** (589 m). Man erreicht den Gipfel entweder mit dem Sessellift (von der Piazza Vittoria aus) oder zu Fuß (Abzweigung von der Via San Michele, 1 Std.). Das Panorama am Gipfel lohnt Aufstieg und Auffahrt gleichermaßen. Santa Maria a Cetrella 13, eine Kirche aus dem 13. Jh. mit einer kleinen Einsiedelei, liegt ca. 120 m unterhalb. Man kann sie über einen kurzen Abstecher vom Bergweg aus erreichen (ca. 20 Min.).

Echt gut

liegen verstreut im Grünen. Zentrum ist die Piazza Vittoria, auf der die Straße von Capri mündet.

Scharf links biegt ein bequemer Spazierweg ab zum beliebtesten Besichtigungsziel, der *Villa San Michele 11. Der schwedische Arzt und Schriftsteller Axel Munthe (1857–1949) hatte sich hier ein schlichtes Bauernhaus gekauft und zur neoklassizistisch-eleganten Villa umgebaut. Munthe arbeitete zwar oft im Ausland, hatte aber ein offenes Ohr für die Inselleute und setzte sich für den Schutz der Natur auf Capri ein.

Die Villa fungiert heute als Museum und zeigt Munthes Sammlung alter Möbel und archäologi-

Torre Materita 14

Ein weiterer schöner Spaziergang führt zur Torre Materita, einem von Axel Munthe ausgebauten mittelalterlichen Turm, in dem der Arzt seine Memoiren schrieb.

*Villa Damecuta

Die Ruine der einstigen Tiberius-Villa ist eine der Hauptattraktionen der Insel. Man erreicht sie von Anacapri aus über die Via Pagliaro nach etwa 3 km. Früher war sie vermutlich ähnlich prächtig wie die Villa Jovis auf der anderen Seite der Insel. Doch dem Aschenregen, der dem Vesuvausbruch 79 n. Chr. folgte, hielt sie nicht stand. Eine lange Loggia lässt die ursprünglichen Ausmaße der Villa Damecuta erahnen. Der **Torre Damecuta,** ein mittelalterlicher Wehrturm, überblickt die Ausgrabungsstätte.

Die **Blaue Grotte

In Marina Grande liegen stets Boote bereit, um die Besucher zur Nordwestspitze der Insel zu fahren, denn hier ist das weltberühmte »blaue Wunder«, die *Grotta Azzurra,* verborgen. Die Besichtigung ist nur bei ruhiger See möglich, da die Boote sonst den niedrigen Eingang nicht passieren können – und nur bei Sonne entfaltet sich das wahre Blau. Im Hochsommer ist der Andrang der Touristen oft sehr groß, so dass man Gefahr läuft, keinen Platz im Boot zu bekommen.

*Bootsrundfahrt

Bei einer Inselumrundung bekommt man neben der abwechslungsreichen Küstenformation einige der über 60 Grotten Capris zu sehen. Die Motorboote starten in Marina Grande und steuern als Erstes die **Blaue Grotte** an. Anschließend geht es an der Westküste entlang und um die Punta Carena herum zur reizvollen Süd-

Die Entdeckung der Grotte

Am 17. August 1826 entdeckte der deutsche Dichter August Kopisch auf einer Bootsfahrt, die er gemeinsam mit seinem Freund Fries, seinem Hotelier und einem capresischen Fischer namens Angelo Ferraro unternahm, ein niedriges Felsenloch direkt über dem Meeresspiegel. Neugierig geworden, entledigte sich Kopisch seiner Kleider und schwamm durch das Loch hindurch. Zu seinem Erstaunen befand er sich in einer ausgedehnten Höhle, die von einem nie gesehenen silberblauen Licht erfüllt war. Stolz vermerkte er bei der Rückkehr seine Entdeckung im Gästebuch seines Hotels. Doch wurde sie ihm alsbald streitig gemacht; denn jener Fischer, der bei der Ausflugsfahrt das Boot gesteuert hatte, behauptete nun, bereits vier Jahre zuvor in die Grotte hineingeschwommen zu sein. Bei der genaueren Erforschung fand man Mauerreste, offensichtlich von einem antiken Heiligtum – die Grotte war also bereits den Römern bekannt, doch die Inselbewohner scheinen sie als unheiligen Ort gemieden zu haben.

Wie dem auch sei – durch Kopischs Entdeckung wurde nicht nur die Grotte, sondern die ganze Insel weltberühmt; ein immer mehr anschwellender Besucherstrom setzte ein. Die Capresen wurden reich – seine Entdeckungstat wollen sie dem Dichter Kopisch nun nicht mehr streitig machen.

küste. Hier darf man einen Blick in die **Grotta dei Santi** (Grotte der Heiligen) werfen und gleich darauf die **Grotta Rossa** 18 bestaunen, die ihren Namen der rötlich gefärbten Vegetation auf den Felsen im Inneren verdankt. Die **Grotta Verde** 19 ist dagegen nach ihrem smaragdfarben schimmernden Wasser benannt.

Nachdem das Boot die imposanten Felsenriffe der **Faraglioni** umschifft hat, wendet es sich der Ostküste zu. Vorbei am Hafen von Tragara, an der Grotta di Matromania und der Grotta Bianca, umschifft es den senkrecht aufragenden Fels unter der Villa Jovis und gelangt zur **Punta del Capo,** der nördlichsten Spitze der Insel. Der Hafen von Marina Grande ist bald wieder in Sicht.

Info

■ **A.A.S.T. Capri**
80073 Capri][Piazzetta Cerio 11
Tel. 08 18 37 53 08

Feste auf Capri
■ 14. Mai: **Festa di San Costanzo,** Fest zu Ehren des Inselheiligen.
■ 13. Juni: **Festa di Sant'Antonio** in Anacapri.
■ 15. Aug.: **Wallfahrt** zur Kirche Santa Maria a Cetrella in Anacapri.
■ 1. Sonntag im Sept.: **Festa di Santa Maria del Soccorso** in Capri mit Jahrmarkt, Volkstanzdarbietung und kirchlichen Veranstaltungen.
■ 2. Sonntag im Sept.: **Festa della Madonna della Libertà** in Capri im Ortsteil Moneta.

Piazza Umberto I
Tel. 08 18 37 06 86][www.capri.net
www.capritourism.com
■ **A.A.S.T. Marina Grande**
Banchina del Porto
Tel. 08 18 37 06 34
■ **A.A.S.T. Anacapri**
Via Orlandi 59][80071 Anacapri
Tel. 08 18 37 15 24

Verkehr

Schiffsverbindungen: Fähren und **Tragflügelboote** von Neapel (ca. 75 bzw. 40 Min.) und Sorrent (ca. 50 bzw. 25 Min.). Adressen für **Schiffsexkursionen** (z.B. Ischia, Inselrundfahrten) bei den A.A.S.T. bzw. Inselwebsites ❯ Info.

Hotels

Nur wenige Hotels auf Capri sind ganzjährig geöffnet. Einige bieten in der Saison nur Halb- oder Vollpension.
■ **A' Paziella**
Via Fuorlovado 36
Tel. 08 18 37 00 44
www.apaziella.com
Erlesen ausgestattetes kleines Hotel im Zentrum von Capri-Stadt. Ganzj. ●●●
■ **La Scalinatella**
Via Tragara 8][Tel. 08 18 37 06 33
www.scalinatella.com
Das ruhige Haus mit Meeresblick bietet höchsten Komfort. Mitte März bis Mitte Okt. ●●●
■ **Villa Brunella**
Via Tragara 24][Tel. 08 18 37 01 22
www.villabrunella.it
Blühende Terrassen, herrlicher Blick, exzellente Küche. Ganzjährig Zimmer mit Frühstück. ●●●
■ **Bellavista**
Via Orlandi 10][Anacapri
Tel. 08 18 37 14 63
www.bellavistacapri.com

Echt gut!

Familiäres, kleines Haus in schöner Lage. Halbpension, ganzjährig Zimmer mit Frühstück. ●●—●●●

■ **Villa Krupp**
Via Matteotti 12][Tel. 08 18 37 03 62
www.villakrupp.it
Um 1900 erbaute Villa, wo schon Gorki und Lenin wohnten; grandiose Aussicht. Ganzjährig Zimmer mit Frühstück. ●●

■ **Villa Patrizia**
Via Pagliaro 55][Anacapri
Tel. 08 18 38 23 07
Geräumiges Haus im Inselstil, Innengarten, helle Zimmer. Ostern–Okt. ●

Restaurants

■ **La Capannina**
Via Le Botteghe 12
Tel. 08 18 37 07 32
Renommiertes Fischlokal, feine Weinkarte. Reservieren! Ostern–Okt. ●●●

■ **I Faraglioni**
Via Camerelle 75
Tel. 08 18 37 03 20
www.faraglioni.com
Stark frequentiertes Feinschmeckerlokal im Zentrum. ●●—●●●

■ **Da Gelsomina**
Via Migliera 72][Anacapri
Tel. 08 18 37 14 99
www.dagelsomina.com
Sympathische Familientrattoria, 30 Gehminuten von Anacapri. Auch Komfort-B&B. Ostern–Anf. Nov. und Juni–Sept. tgl., sonst nur Sa/So. ●●

■ **La Piazzetta**
Via Marina Piccola 126
Tel. 08 18 37 78 27
Mediterrane Küche und Fischspezialitäten mit Ausblick auf die Faraglioni. ●●

■ **Paolino**
Via Palazzo a Mare 11
Tel. 08 18 37 61 02

Sehr gemütlich, mit Zitronenpergola, Inselspezialitäten, nahe der Marina Grande. ●●

■ **Il Solitario**
Via G. Orlandi 96][Anacapri
Tel. 08 18 37 13 82
Gute neapolitanische Küche, preisgünstig. Di Ruhetag. ●

Shopping

■ Eine lange Tradition haben die verführerischen Parfüms von **Carthusia**. Die **Duftküche mit Verkaufsladen** befindet sich in der **Via Matteotti**.

Echt gut!

■ **Designer-Boutiquen** säumen die **Via Vittorio Emmanuele**. Ferragamo, Fendi, Gucci & Co. sind hier vertreten.

■ Nomen est omen: Bei **Limoncello di Capri** soll der berühmte, regionaltypische Zitronenlikör erfunden worden sein (Läden in **Capri, Via Roma 79**, und **Anacapri., Via San Michele, www.limoncello.com**).

Nightlife

■ Abends trifft man sich in Capri auf der **Piazza Umberto I** (Piazzetta).

■ Disco-Bar **Underground** im Zentrum von Anacapri (**Via Giuseppe Orlandi 259**), Sa Livemusik, ganzj.

Süße Sünde mit Limoncello

**Ischia

Ischia-Stadt

Der gleichnamige Hauptort der vulkanischen Insel besteht aus zwei Teilen: dem neueren, mondäneren Ischia Porto und dem alten Stadtkern Ischia Ponte.

Ischia Porto **1**

Der Stadtteil erstreckt sich östlich des fast kreisrunden Hafens, der ursprünglich ein Krater war und 1854 zum Meer hin geöffnet wurde. Zum Hafenbecken hin richtet sich die Piazza del Redentore mit

der klassizistischen Kirche **Santa Maria di Portosalvo,** erbaut 1854 bis 1856 zu Ehren des Hafendurchbruchs.

Heute reiht sich am Kai Taverne an Taverne, in den warmen Sommernächten scheint hier das lebhafte Treiben nicht mehr enden zu wollen. Hauptstraße ist die **Via Roma,** die in den **Corso Vittoria Colonna** übergeht und zum Bummel durch die eleganten Geschäfte oder zum Verweilen in einem der Restaurants und Cafés einlädt. Östlich davon führt der Weg nach Ischia Ponte.

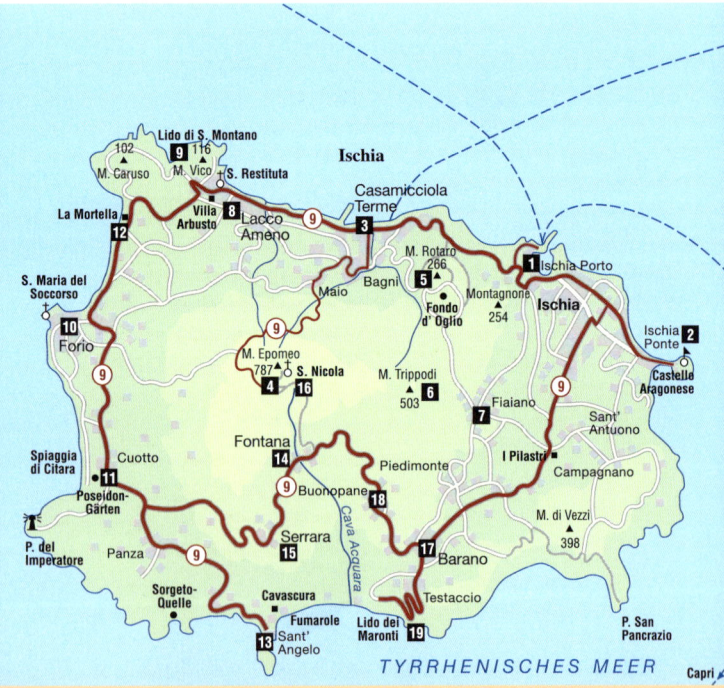

9 Inselrundtour Ischia Ischia Porto › Ischia Ponte › Casamicciola Terme › Lacco Ameno › Forio › Sant'Angelo › Lido dei Maronti › Ischia-Stadt

Ischia Ponte

Am äußersten östlichen Zipfel liegt der alte Stadtkern Ischia Ponte mit seinen verwinkelten Gassen und farbigen kleinen Gebäuden. Über eine schmale Brücke gelangt man auf den sog. *Isolotto*, der beherrscht wird vom 1438 errichteten ***Castello Aragonese.** Heute ist die Burganlage teilweise verfallen und befindet sich in Privatbesitz; im ehemaligen Konvent ist eine Pension und zu seinen Füßen eine Disco eingerichtet. Erreichbar ist das Kastell mit einem Aufzug oder durch einen 475 m langen Tunnelgang (März–Dez. tgl. 9.30–19 Uhr). Zu sehen sind die Ruinen der alten Kathedrale und das ehemalige Klarissenkloster. Dort gab es einen makaber anmutenden unterirdischen Friedhof: Die verstorbenen Nonnen wurden auf in die Mauer gehauene Stühle gesetzt.

Von der **Aussichtsterrasse** über dem Kastell, die man vorbei an den Resten der kleinen achteckigen Renaissancekirche **San Pietro a Pantaniello** erreicht, bietet sich ein traumhafter Blick über den gesamten Golf. **Echt gut!**

Ischia, Procida
0   2 km

Info

A.A.S.T.
Banchina Riva Destra
80077 Ischia Porto
Tel. 08 15 07 42 11
www.infoischiaprocida.it

Verkehr

■ **Schiffsverbindungen:** Ischia Porto: **Autofähren** nach Neapel, Molo Beverello (über Procida) und Pozzuoli. Ischia Porto und Casamicciola: **Tragflügelboote** nach Neapel. In der Saison **Ausflugsboote** nach Capri. Die **Autofähre ab Pozzuoli** ist weniger überfüllt und billiger, die Strecke kürzer (ca. 1 Std.).

■ **Inselrundfahrt im Boot:** Während der Saison legen in Ischia Porto tgl. mehrmals Touristenboote zu einer Inselrundfahrt ab. Je nach Anbieter stehen Landgänge und Badeaufenthalte auf dem Programm, so dass die Dauer variiert (3 Std. bis 1 Tag). Die meisten Boote steuern Sant'Angelo zu einem Zwischenaufenthalt an. Für ein wenig Trinkgeld zeigt der Steuermann

Entwicklung zum Kur- und Urlaubsparadies

Ischia war schon während der Jungsteinzeit (um 3500 v. Chr.) besiedelt. Die frühen Bewohner lebten von Öl- und Weinbau, sie formten Gefäße aus Ton, züchteten Haustiere und betrieben in Maßen Fischfang. Bis vor wenigen Jahrzehnten lebten die Bewohner Ischias noch von den gleichen Tätigkeiten. Erst der wachsende Tourismusstrom machte aus ihnen Hotelbesitzer.

Die Geschichte Ischias folgte im Wesentlichen der Neapels. Zunächst kamen die Griechen auf die Insel, die hier vor allem Erze verarbeiteten, welche sie von außerhalb herbeibrachten: Ausgrabungen förderten Spuren eines regelrechten Industriezentrums mit Eisen- und Bronzeschmieden zutage. Auf die Griechen folgten die Römer, die, wie im ganzen Golfgebiet, auch hier ihre Villen erbauten. Sie entdeckten als Erste die Heilkraft der Thermalquellen.

Nach dem Untergang Roms stürmten Barbaren und Sarazenen die Küsten Ischias und richteten teils schwere Verwüstungen an. Die Bevölkerung zog sich ins Inselinnere und auf den Castello-Hügel zurück, wo der Hauptort der Insel entstand. Seit dem 11. Jh. steht hier ein Kastell, das im 14. Jh. von den aragonesischen Herrschern ausgebaut wurde. Als glanzvoller Herrschaftssitz der adeligen Frauen diente es im 16. Jh. Die noch immer eher archaisch lebende Bevölkerung unterwarf sich willig den wechselnden Herren. Erst gegen Ende des 18. Jhs., als der revolutionäre Gedanke von Frankreich übersprang, kam es zur Freiheitsbewegung der Ischitaner, die blutig niedergeschlagen wurde. Frei wurde die Insel 1861 im Zuge der italienischen Einigung.

Nach dem Zweiten Weltkrieg begann sich Ischia allmählich in ein Kur- und Urlaubsparadies zu verwandeln. Heute beherbergt die Insel während der Hauptsaison gut das Zehn- bis Fünfzehnfache ihrer angestammten Einwohnerschaft, die sich nahezu total dem touristischen Dienstleistungsgewerbe verschrieben hat. Um es ihren vorrangig deutschsprachigen Gästen so angenehm wie möglich zu machen, wird in den meisten Hotels und Restaurants fließend Deutsch gesprochen.

die Meeresskulpturen. **Ischia ist umringt von Tuffsteingebilden,** die das Meer und der Wind zu seltsamen Figuren geformt haben – wie *Il Fungo* (»Pilz«) › S. 99 vor Lacco Ameno. Mit etwas Fantasie erkennt man einen »Elefanten«, einen »Riesen« oder aber eine »schlafende Schöne«.

■ **Busverbindungen:** Das Busnetz auf Ischia ist gut organisiert. Von Ischia Porto zu allen Ortschaften der Insel. Info im **SEPSA-Büro, Via M. Mazzella, Tel. 0 81 99 18 08.** Tickets am Kiosk.

Hotels

Die Insel Ischia ist reich ausgestattet mit Hotels jeder Preisklasse. Fast alle Häuser bieten nur Voll- oder Halbpension an, und die meisten schließen im Winter. Hotels ab der mittleren Preisklasse verfügen fast immer über eigene Thermal- und Kuranlagen. In vielen Hotels ist in der Regel ein größeres Kontingent für Pauschalreisende reserviert. Oft ist eine Pauschalreise nach Ischia das günstigste. Hotelverzeichnis und Online-Buchung z.B. unter **www.ischiahotels.it**

■ **Villa Antonio**
Via SS. Giovanni G. della Croce 77 Ischia Ponte
Tel./Fax 0 81 98 26 60
www.villantonio.it
Auf Klippen gegenüber dem Castello Aragonese gelegen, Terrasse und Meeresblick. Thermalbecken. Nur Frühstück. April–Mitte Okt. ●—●●

Camping

Ischias vier Campingplätze (in Barano, Casamicciola und zwei in Ischia-Stadt) sind schnell überfüllt, Vorbestellung ist also ratsam. Wildcampen ist streng verboten.

Eurocamping dei Pini
Via delle Ginestre 28][**Ischia Porto**
Tel. 0 81 98 20 69
www.ischia.it/camping
Campingplatz mit Supermarkt, Pizzeria und Restaurant. Auch Bungalows.

Restaurants

■ **Cocò**
Piazzale Aragonese][**Ischia Ponte**
Tel. 0 81 98 18 23
Gutes Fischlokal an der Brücke zum Castello, abends Bar. Jan./Febr. geschl., Mi Ruhetag. ●●

■ **Mezzanotte**
Via Porto 78][**Ischia Porto**
Tel. 0 81 98 16 53
Sympathisches Fischrestaurant am Hafen, das auch Pizza serviert. ●—●●

Aktivitäten

■ **Tennis:** Die Insel verfügt über ausreichend Tennisplätze; die meisten gehören zu Hotelkomplexen, sind jedoch auch Nicht-Gästen zugänglich.

■ **Surfing:** An den Stränden von Forio und Maronti gibt es Surfschulen und Bretter zum Leihen.

■ **Segeln:** In den Häfen von Ischia Porto und Casamicciola können Boote ausgeliehen werden.

■ **Tauchen:** Taucher bevorzugen die felsige Südküste östlich von Sant'Angelo, ein sehr beliebtes Revier.

Inseltour mit dem Zweirad

Wie wär's mit einer Zweiradtour rund um die Insel auf eigene Faust? Sie können die Insel mit dem Fahrrad (anstrengend!) oder dem Motorroller umrunden. Mehrere Vermieter gibt es z.B. in Ischia Porto.

■ **Wandern:** Ischia ist ein ideales Gebiet sowohl für kürzere als auch für längere Wanderungen. Allerdings darf man keine perfekt ausgeschilderten und unterhaltenen Wege erwarten, sondern geht überwiegend auf den Trampelpfaden der Hirten und Eseltreiber; Wegmarkierungen sind eher selten. Gutes Schuhwerk ist unbedingt notwendig, um heil über das schüttere, scharfkantige Lavagestein zu kommen. Genügend Trinkwasser darf im Wandergepäck nicht fehlen.

Casamicciola Terme ❸

Der Ort an der Nordküste Ischias ist über die rund um die Insel führende S.S. 270 erreichbar. Zusammen mit Ischia Porto und Lacco Ameno bildet Casamicciola Terme das eigentliche Kurgebiet der Insel. Hier entspringen die meisten Quellen. Viele Hotels und Pensionen besitzen eigene Thermalkomplexe und sind auf Kuren und Wellness spezialisiert. Der schön auf Terrassenl angelegte **Parco Termale Castiglione** hält zudem ein großes Wellness- und Sportangebot bereit (Via Castiglione 62, Tel. 0 81 98 25 51, www.termecastiglione.it, April–Okt. tgl. 9.30–18 Uhr, sonst Teilbereiche geöffnet).

Der etwa halbstündige Spaziergang hinauf zur **Sentinella** wird mit einem tollen Blick über die Dächer Casamicciolas belohnt.

Wandern ab Casamicciola

Die Hänge des **Monte Epomeo** ❹ (787 m) hinter Casamicciola sind sehr einladend, die Wege zum Gipfel hinauf gut begehbar (❯ auch S. 103). Ziel einer weiteren kleinen Wanderung ist der **Monte Rotaro** ❺ (266 m). Der Weg

---

◆ 9 Wellness und Kuren auf Ischia

Auf Ischia ist Quelle nicht gleich Quelle. Je nachdem, wie lang und welcher Art ihr unterirdischer Verlauf ist, sprudeln sie wärmer oder kühler aus dem Felsen. Auch ihr Mineralgehalt ist unterschiedlich. Nur einige wenige Quellen sind radioaktiv, die meisten enthalten Schwefel- und Alkalisalze, manche auch Brom- und Jodsalze.

Alle Kuren auf Ischia basieren auf diesen heilsamen Quellwassern und lassen keine Wünsche offen: Fangopackungen, Dampf-, Thermal- oder Sandbäder, Massageduschen, Spülungen, Inhalationen, Aerosoltherapie oder Trinkkuren. Heilsam wirken diese Verfahren und Therapien bei einer mindestens ebenso langen Reihe von Beschwerden wie bei Rheuma, Arthritis, Bandscheibenleiden, Folgen von Verletzungen und Knochenbrüchen, Entzündungen von Nerven, Atemwegen, bei diversen Hautleiden oder Frauenkrankheiten.

Die Thermalgärten Ischias haben mit tristen Kureinrichtungen nichts gemein. Die unterschiedlich temperierten Pools der Wellnessoasen liegen im Freien, in subtropischer Vegetation eingebettet. Neben heiltherapeutischen Anwendungen bieten die Thermalbäder jede Menge Erholung und Badespaß.

führt am Krater **Fondo d'Oglio** vorbei, der zwar erloschen, doch noch reich an Fumarolen ist.

Wer über eine entsprechende Kondition verfügt, kann die grünen Hänge des **Monte Trippo-di** **6** hinaufsteigen, in dessen Nähe der Krater **Fondo Ferraro** liegt. Als weiteres Ziel bietet sich das Bergdörfchen **Fiaiano** **7** an. Von hier fährt ein Bus nach Ischia Porto, doch lässt sich die Strecke auch zu Fuß gut bewältigen.

Steinerner Pilz im Meer: Il Fungo

Hotels

■ **La Madonnina**
Via Panoramica 8
Tel. 0 81 99 40 62
www.hotellamadonnina.it
Privatstrand, natürliches Thermalbecken, Zimmer mit Meeresblick. Halbpension. Mitte April–Aug. ●●
■ **Terme Elisabetta**
Corso Giuseppe Garibaldi 115
Tel. 0 81 99 43 55
www.hoteltermeelisabetta.it
Renovierte alte Villa in schöner ruhiger Lage. Hier ist man auf Kurbehandlungen spezialisiert. April–Okt. ●●
■ **Villa Fiorentina**
Via Cretaio 92
Tel./Fax 0 81 98 02 34
www.hotelvillafiorentina.com
Preiswerte Unterkunft im Grünen auf dem Hügel. Auch Appartements mit Selbstversorgung. ●–●●

Restaurant

Il Focolare
Via Cretaio al Crocefisso 3
Tel. 0 81 90 29 44
www.trattoriailfocolare.it
Typische Inselküche, u.a. Kaninchen und natürlich Pasta. ●●

Shopping

Keramik ist das älteste Kunsthandwerk auf Ischia. Die Brüder **Menella** betreiben ihre traditionsreiche Werkstatt (große Auswahl) in Casamicciola.

Nightlife

Treffpunkt am Abend ist die **Piazza Marina** mit der **Bar Calise.**

Rund um *Lacco Ameno **8**

Verlässt man Casamicciola in Richtung Westen, so kommt bereits nach kurzer Fahrt die elegante Reede von ***Lacco Ameno** in Sicht. Davor ragt ein in Pilzform ausgewaschener Felsen, »Il Fungo«, aus dem Wasser, das malerische Wahrzeichen des Ortes.

Lacco Ameno steht auf historisch bedeutsamem Boden: Hier entstand vor rund 2600 Jahren die erste griechische Siedlung (Pithekoussai) auf Ischia. Die sehenswerten Fundstücke aus dieser Zeit sind in der ***Villa Arbusto** ausgestellt (Corso Rizzoli 210, April bis Okt. Di–So 9.30–12.30, 16 bis 19.30 Uhr).

Badevergnügen im Thermalpark
der Poseidon-Gärten in Forio

Ein weiteres kleines Museum mit Exponaten aus Antike und frühchristlicher Zeit beherbergt die Krypta der Kirche **Santa Restituta,** die den eleganten Platz vor dem Rathaus beherrscht (Mo–Sa 9.30–12.30 und 16.30–18, So 9.30–12.30 Uhr). Um die Heilige, die der Piazza den Namen gab, rankt sich eine Legende: Die frühchristliche Märtyrerin soll an der nordafrikanischen Küste gefesselt in einem Boot ausgesetzt und im Jahr 282 hier an Land gespült worden sein. Seitdem ist sie die Schutzpatronin der Insel, der im Mai drei Festtage gewidmet sind.

Lacco Ameno zur Seite erhebt sich der **Monte Vico,** ein kleines, ins Meer hinausragendes Vorgebirge, auf dem in einmaliger Lage das Hotel San Montano ❭ S. 101 thront. Gleich dahinter öffnet sich der beliebte und sehr gepflegte **Lido di San Montano** ❾ mit einem Thermalschwimmbecken.

Im modernen Lacco Ameno hat sich die Hautevolee niedergelassen. In deren Welt kann man beim Spaziergang vorbei an den vornehmen Villen zur Punta Caruso und zur wundervollen Badebucht San Montano eintauchen.

In der Nähe liegt der **Parco Termale Negombo,** eine der schönsten Thermalanlagen der Insel. Üppige Vegetation, terrassenförmig angelegt mit Blick auf die Bucht von San Montano, (Via San Montano, Tel. 0 81 98 61 52, www.negombo.it, April–Okt.).

Feste auf Ischia

■ **Karfreitagsprozession** in Ischia Ponte.
■ 16.–18. Mai: **Festa di Santa Restituta,** Lacco Ameno. Prozession auf dem Wasser, Markt, Feuerwerk.
■ 26. Juli: **Festa di Sant'Anna,** Ischia Ponte, Bootsrennen, Feuerwerk.
■ 15. August: **Festival delle cose buone,** Ciglio, Grillfest, Volkstänze.
■ Anf. Sept.: **Wein- und Traubenfest** in Forio, Panza, Sant'Angelo.
■ 8.–12. Sept.: **Festa di Santa Maria del Monte** mit Prozession.

Hotels

■ **Regina Isabella e Royal Sporting**
Piazza Santa Restituta
Tel. 0 81 99 43 22
www.reginaisabella.it
Mitte April–Okt. Das große Haus bietet Luxus pur. Entspannendes Thermalbecken. Vollpension. ●●●

■ **Albergo San Montano**
Via Nuova Montevico 26
Tel. 0 81 99 40 33
www.sanmontano.com

Echt gut! Mitte April–Okt. **Einzigartige Lage auf dem kleinen Vorgebirge Monte Vico.** Thermalbecken und höchster Kur-Komfort. Vollpension. ●●●

*Forio ⑩ und Umgebung

An der Westseite der Insel liegt der in seinem Kern mittelalterliche Ort: Kuppeln und Türme überragen weiße kubische Häuser. Lange war Forio ein beliebtes Künstlerdomizil und wurde erst spät für den Tourismus entdeckt. Ein Gang durch die pittoresken Gassen mit ihren Bogen, Loggien und Treppen lässt die bäuerliche Vergangenheit noch erahnen.

Beliebter Aussichtspunkt und Wallfahrtsziel ist die strahlend weiße Kirche ***Santa Maria del Soccorso** aus dem 16. Jh. auf einer kleinen Anhöhe. Im Innenraum zeugen maritime Votivtafeln, Heiligenfiguren und Schiffsmodelle von ihrer Funktion als Schutzkirche der Seefahrer und Fischer. Die kleinen Altäre sind mit buntem Marmor kunstvoll verziert.

Ein weiteres Prunkstück Forios, am Strand von Citara, sind die ***Poseidon-Gärten ⑪**, ein paradiesisch ausgestatteter Thermalpark mit üppiger exotischer Vegetation (Tel. 0 81 90 71 11, www.giardiniposeidonterme.com, April–Okt. tgl. 9–19 Uhr).

Eine Residenz der ganz besonderen Art ist die **Villa Ravino** mit ihrem **botanischem Garten.** Hier

kann man Apartments mieten, in der Lounge-Bar bei einem Drink den grandiosen Blick auf das Meer genießen oder sich einfach nur den Garten anschauen (www.ravino.it). Herrlich ist auch der Terrassengarten **La Mortella ⑫**, den der englische Komponist Sir William Walton über Jahrzehnte hinweg schuf (Via Francesco Calise 39, www.lamortella.org, April–Okt. Di, Do, Sa, So 9–19 Uhr).

Hotels

■ **Umberto a Mare**
Via Soccorso 2]¦[Tel. 0 81 99 72 58
www.umbertoamare.it
April–Okt. Direkt bei der Kirche Santa Maria del Soccorso, alle Zimmer zum Meer, einfach. Halbpension. ●●

Echt gut!

Die herrlichsten Thermalbäder Ischias

■ Im üppig begrünten **Parco Termale Negombo** fühlt man sich fast wie in den Tropen. Vielfältige Wasseranwendungen ❯ S. 100.

■ In Terrassen am steilen Hang östlich von Casamicciola breitet sich der gepflegte **Thermalpark Castiglione** mit schönen alten Bäumen aus. Breit gefächert ist das Sport- und Wellnessprogramm ❯ S. 98.

■ Forios **Poseidon-Gärten** überzeugen vor allem durch ihre Lage direkt am Meer und eine abwechslungsreich gestaltete Thermallandschaft. ❯ S. 101.

■ In dem terrassenförmig angelegten **Aphrodite- und Apollon-Garten** in Sant'Angelo kann man sich rundum verwöhnen lassen ❯ S. 102.

Im Terrassengarten La Mortella

■ **Mare Luna**
Via Madonna delle Grazie 51
Panza][**Tel. 0 81 90 71 83**
www.hotelmareluna.com
Sympathische Familienunterkunft mit
Halbpension bei Forio. April–Okt. ●

Restaurants

■ **Da Leopoldo**
Via Scannella 12][**Panza**
Tel. 0 81 90 70 86
Beliebtes Gartenrestaurant, auch Holz-
ofenpizza. ●●

■ **Umberto a Mare**
Im gleichnamigen Hotel › S. 101
Restaurant mit Terrasse direkt über
dem Meer. Die Spezialitäten sind Fisch,
Meeresfrüchte und Pasta, garniert mit
saisonalen Zutaten. ●●

Shopping

In Forio lohnt ein Besuch bei den Kera-
mikkünstlern Taki und Franco Calli-
se. Beide bemalen Majoliken im traditionellen Stil.

*Sant'Angelo 13

Der kleine Ort Sant'Angelo liegt
malerisch auf einer winzigen
Landzunge. Aus dem einstigen Fischerdorf ist ein beliebtes, exklu-
sives Touristennest geworden, frei
von Autos und nur über Trepp-
chen und schmale Steige begehbar. Alles was man braucht, wird
von Mauleseln transportiert.

Westlich des Dorfes erstreckt
sich ein Strand, der reich ist an
Fumarolen und heißen Quellen.
Seine herrlichen parkähnlichen **Echt gut!**
Thermalbadanlagen, Aphrodite
Apollon Sea Resort & Spa, ste-
hen den Poseidon-Gärten Forios
kaum nach (Tel. 0 81 99 92 19,
www.hotelmiramare.it, April bis
Nov. tgl. 8–18 Uhr).

[!] Aber Vorsicht! Der Sand bei
den Fumarolen ist so heiß, dass
man darauf Eier kochen könnte.

Nur einen kurzen Fußmarsch
vom Strand entfernt liegen in einem tief eingeschnittenen Tal die
Thermen von Cavascura aus römischer Zeit mit ihren in den Felsen gehauenen Badekammern. Sie
sind bis heute unverändert in Betrieb (Via Cavascura, Tel. 0 81
99 92 42, www.cavascura.it, Mitte
April–Okt. tgl. 8.30–18 Uhr).

Hotels

■ **Casa Celestino**
Via Chiaia di Rose 20
Tel. 0 81 99 92 13
www.casacelestino.it
Pittoreskes Haus, alle Zimmer zum
Meer, herrlicher Ausblick. ●●—●●●

■ **San Michele**
Via S. Angelo 60][**Tel. 0 81 99 92 76**
www.hoteltermesanmichele.it

Zentral, in Strandnähe gelegen. In der Dependance sind auch Appartements zu mieten. April–Okt. ●●–●●●

■ **Casa Garibaldi**
Via Sant'Angelo 52
Tel./Fax 0 81 99 94 20
www.casagaribaldi.com
Schön im Grünen. Mit Thermalbecken. Große Küche für Selbstversorger. Mitte März–Okt. ●–●●

Auf den Monte Epomeo

Serrara Fontana ist ein Konglomerat von mehreren kleinen Bergdörfern. Von Sant'Angelo ist die Ortschaft entweder über die Straße oder über Treppenwege zu erreichen. Serrara Fontana ist der Ausgangspunkt für die *Exkursion auf den Monte Epomeo. Der Berg, geologisch eine vulkanische Bruchscholle, erreicht 787 m. Die Krater sind seit dem 15. Jh. erloschen. Davor sollen sie beständig Glut und Feuer gespuckt haben, so dass die Insel den Seefahrern als natürlicher Leuchtturm diente. Der kürzeste und am häufigsten gewählte Weg auf den Gipfel beginnt in **Fontana** 14 (ca. 1 Std.). **Den Aufstieg kann man auch auf dem Eselsrücken unternehmen.**

Spannender ist der Weg von **Serrara** 15 am Hang entlang, der den Wanderer über die sogenannten **Falanga** mit Blick auf Forio zum Gipfel bringt (ca. 2 Std.). Die lochartigen Grotten in der Falanga dienten in den vergangenen Jahrhunderten übrigens zur Aufbewahrung von Schnee: In die Hohlräume gestopft und mit Kastanienlaub und Stroh bedeckt, hielt er den ganzen Sommer über. In gut isolierten Körben wurde er auf Eselsrücken runter in die Ortschaften geschafft und dort zu Speiseeis verarbeitet.

Unweit des Gipfels steht die ehemalige Einsiedelei **San Nicola** 16 mit der gleichnamigen, in

Gaumenfreuden all'ischitana

Schlemmer und Genießer sind auf Ischia richtig. Will man sich auf die noch folgenden Leckereien einmal nicht mit einer der unzähligen Nudelsorten einstimmen, wähle man am besten eine *bruschetta* (geröstetes Weißbrot mit einer Paste aus Knoblauch und Tomaten) oder Melone mit Schinken als Vorspeise. Fleischliebhaber sollten es keinesfalls versäumen, anschließend eines der Kaninchengerichte zu probieren. Die Spezialität der Insel ist Coniglio all'ischitana, Kaninchen-Schmorbraten in einer feinen Tomaten-Weißweinsauce, mit Knoblauch und Pfefferschote abgeschmeckt.

Aber auch Fisch-Gourmets dürfen auf Ischia nach Herzenslust (und je nach Portemonnaie) schmausen. Neben der klassischen *zuppa di pesce* (Fischsuppe) oder einer *frittura di pesce* (gemischte Fischplatte) gehört der Schwertfisch (*pesce spada*) zu den für die gesamte Golfregion typischen Köstlichkeiten. Spezialität auf Ischia ist *pezzogno all'acqua pazza*, in einem Sugo aus Olivenöl, Knoblauch, Tomaten und Petersilie gedünsteter Fisch.

den Fels gehauenen Kapelle. Das Kloster mit seinen direkt in den Tuffstein geschlagenen Zellen ist heute ein beliebtes Ausflugslokal (**Ristorante La Grotta**, ●). Von dort hat man einen großartigen Blick über Ischia, bei klarer Wetterlage von Capri bis zu den Pontinischen Inseln. Von der ehemaligen Klosterzelle Nr. 8 heißt es, dass die Mönche sie früher für junge Liebespaare bereithielten, die sich hierher flüchten konnten, wenn ihre Familien gegen ihre Vereinigung waren.

*Barano 🔟 und Umgebung

Der am wenigsten bekannte Teil der Insel ist die Gegend um Barano mit mehreren nah beieinander

liegenden Bergdörfern (der Strand von Maronti gehört ebenfalls zur Gemeinde). Die Bergbevölkerung lebt noch weitgehend von Weinbau und Kleintierzucht. Das, was Weinberg und Ställe hervorbringen, wird in zahlreichen Tavernen längs der Straße angeboten.

Der Ort **Barano** bietet sich als Ausgangspunkt für eine Reihe reizvoller Abstecher zu Fuß und mit dem Auto an. Zwei kleinere Straßen führen ins Inselinnere, die eine zum Bergdorf **Buonopane** 🔟 die andere nach **Fiaiano**.

Ein kurvenreiches Sträßchen windet sich über den Ort Testaccio hinunter zum berühmten **Lido dei Maronti** 🔟, einem <mark>herrlich gelegenen, breiten Sandstrand von 2 km Länge;</mark> er schließt im Osten an den Fumarolen-Strand von Sant'Angelo an.

*La'ndrezzata

Das Dörfchen **Buonopane** ist die Heimat eines merkwürdigen Tanzes mit dem unaussprechlichen Namen 'ndrezzata – dieser uralte Männertanz ist der Tarantella verwandt. In historischen Kostümen und mit Holzschlegeln bewaffnet, treten die Männer tänzerisch gegeneinander an. Klarinetten- und Tamburinspieler begleiten den scheinbaren Kampf, der auf eine Fehde zwischen zwei Ortschaften zurückgehen soll. Eigentlicher Tanztermin ist der 24. Juni, doch ist die 'ndrezzata inzwischen den Touristen zuliebe den ganzen Sommer über zu sehen. Auch der Ort **Fiaiano** hat sich das Ereignis zum Ankurbeln des Fremdenverkehrs nutzbar gemacht.

Hotels

■ **Parco Smeraldo Terme**
Spiaggia dei Maronti
Tel. 0 81 99 01 27
www.hotelparcosmeraldo.com
Direkt am Strand, mit allem Komfort; Sport-, Thermal- und Kuranlagen. Vollpension. April–Okt. ●●●

■ **Hotel St. Raphael Terme**
Via P. Maronti 5][**Barano d'Ischia**
Tel. 0 81 99 05 08
www.hotelsaintraphaelischia.it
Etwas oberhalb des Strandes. Thermalbecken. Vollpension. ●●

■ **Hotel Internazionale**
Via Acquedotto][**Fiaiano**
Tel. 0 81 90 13 15
www.hotelinternazionaleischia.com
Im Inselinneren in kühler Höhe gelegen. Vollpension. ●●

■ **Casa Antonio**
Via Giorgio Corafà 55
Barano d'Ischia
Tel./Fax 0 81 99 04 44
www.casantonio.it
Ruhige, günstige Pension oberhalb des Maronti-Strandes mit Blick aufs Meer. April–Okt. ●

****Procida**

Im Norden der Insel

Das Städtchen **Procida** ist ein Fischernest. Fischfang ist hier immer noch wichtiger Erwerbszweig vieler Familien. Ansonsten gleicht es mit seinen 10 600 Einwohnern eher einem kleineren und friedlicheren Neapel. Hoch über dem Hafen thront auf einem Felsen die **Terra Murata,** das »gemauerte Land« – ein unübersichtliches Konglomerat aus ineinander verschachtelten Wohnhäusern, engen Gassen, Zitadelle, Palast und Kloster. Eine düstere Geschichte hat das im 16. Jh. erbaute **Kastell,** denn bis vor wenigen Jahren diente es als Gefängnis.

Von der ***Aussichtsterrasse** neben der ehemaligen Kerkerburg bietet sich ein wundervoller Blick über die reizvolle Ostküste und auf den Fischerhafen. Nicht weit davon steht **San Michele Arcangelo,** die Hauptkirche der Insel, mit ihrer charakteristischen dreifachen Kuppel. Im Inneren beeindruckt die schöne Kassettendecke, in deren Mitte auf einem Fresko des bekannten neapolitanischen Malers Luca Giordano der Erzengel Michael den Teufel bezwingt. In der Krypta ist eine neapolitani-sche Krippe aufgebaut (Mo–Sa 9.45–12.45 und 15–18, So 9.45 bis 12.45 Uhr).

Den schönsten Blick auf das schönste Dorf von Procida genießt man vom Eingang zur Terra Murata nicht weit von der Kirche San Michele. **Corricella,** der Hafen der Fischer, ist bis heute nur mit dem Boot oder zu Fuß über ein steiles Treppengewirr zu erreichen. Pastellfarbene, übereinander gestapelte Häuser, von denen teilweise der Putz blättert, scharen sich um die <mark>schmale Hafenpromenade, ein Bild voller Nostalgie und Schönheit.</mark>

Ursprünglich und charmant: der kleine Fischerhafen von Procida

Der Süden Procidas

Die einzige Omnibuslinie auf Procida führt vom Hafen Sancio Cattolico zum Jachthafen **Chiaiolella** ans andere Ende der Insel. Vor ein paar Restaurants öffnet sich hier ein kleiner runder Jachthafen (auch dieser ein ehemaliger Krater). Gegenüber liegt das unbewohnte felsige Eiland **Vivara**, ein kleines Naturschutzgebiet und Heimat zahlloser Kaninchen und einiger seltener Vogelarten. Nördlich von der Marina Chiaiolella erstreckt sich der **Lido**, schön zum Baden mit Blick auf Ischia.

Die mäßig steile, reizvolle Ostküste muss man zu Fuß erwandern. **Von der Chiaiolella bis Procida-Hafen wandert man eine Stunde,** mit Blick auf Capri und die Sorrentinische Halbinsel. Man kann sich auch von einem der dreirädrigen Minitaxis herumfahren lassen.

Buch-Tipp Elsa **Morante** hat Procidas Atmosphäre einfühlsam in ihrem Roman »Arturos Insel« eingefangen (Wagenbach, 2009).

Karfreitagsprozession

Am Karfreitag findet auf Procida eine der originellsten Prozessionen der Golfregion statt. Sie wird in der Hauptsache von Kindern bestritten. Die in wochenlanger Schnitzarbeit entstandenen *misteri*, religiöse Reliefs oder Statuen, werden von den Gläubigen auf die Terra Murata, den höchsten Punkt der Insel, gebracht, wo am folgenden Morgen der Trauerzug der in weiße und blaue Gewänder gehüllten Gemeinde beginnt.

Malerisches Positano

Die Halbinsel von Sorrent

Nicht verpassen!

- Jede Kurve der Amalfitana auskosten
- Auf den Spuren der Sirenen zur Punta Campanella wandern
- Die einmalige Architektur von Positano bewundern
- Den Dom von Amalfi und den Chiostro del Paradiso besichtigen
- Durch das zauberhafte Städtchen Ravello spazieren

Zur Orientierung

Die Halbinsel von Sorrent formt den Abschluss des Golfs von Neapel. Das Rückgrat der Halbinsel bilden die **Monti Lattari,** eine wilde, zerfurchte Bergkette von fast alpinen Dimensionen. Besonders steil und unzugänglich fallen die Monti Lattari an der Costiera Amalfitana ab und formen eine der schönsten Küstenlandschaften Italiens. In zuweilen dramatischen Felsabstürzen fällt das Land zum Meer hin ab, die Schroffheit wird nur von der üppigen Vegetation gemildert. Eine Bucht folgt der anderen, kleine Orte drängen sich in jedes ebene Fleckchen und wo das nicht reicht, ziehen sich die Häuser die atemberaubend steilen Hänge hinauf. Jeder noch so kleine Felsvorsprung wird genutzt, zum Hausbau, für einen winzigen Garten oder eine Zitronenplantage. Die leuchtend gelben Zitrusfrüchte reifen in dem milden Klima zu erstaunlicher Größe heran und werden oftmals gleich vor Ort zu Limoncello, einem fruchtigen Likör verarbeitet.

In zahllosen Kurven schlängelt sich die schmale **Amalfitana** auf halber Höhe den Hang entlang und gibt immer wieder herrliche Ausblicke frei. Kein Wunder, dass die Küstenstraße jedes Jahr von Neuem einen Ansturm von Besuchern aus aller Welt erlebt. Luxuriöse und traditionsreiche Hotels besetzen die besten Plätze in Amalfi, Ravello und Positano. Es sind Orte mit magischen Namen, die schon seit Anbeginn des Tourismus vor rund 200 Jahren zu den Sehnsuchtszielen gehörten.

Touren in der Region

Die Amalfitana

> 🔟 **Vietri sul Mare › Maiori › Minori › Ravello › Amalfi › Praiano › Positano**

> 🔟 **Die Amalfitana** **Vietri sul Mare › Maiori › Minori › Ravello › Amalfi › Praiano › Positano**

Dauer: 2 Tage

Praktische Hinweise: Wenn man Glück hat, schafft man die unzähligen Kurven der Amalfitana in zwei bis drei Stunden. Doch in der Hauptsaison kann es durchaus passieren, dass die gesamte Strecke zugestaut ist und nichts mehr geht. Für Wohnwagengespanne und Wohnmobile ist die Amalfitana in der Regel von März bis November tagsüber gesperrt. Prinzipiell ermöglicht der eigene Wagen auf dieser Strecke unzählige Stopps und Abstecher, doch in der Realität gibt es unterwegs kaum Parkmöglichkeiten, so dass selbst der Fotostopp oft ausfallen muss. In den Orten gibt es wenige und teure Parkplätze.

Die *Amalfitana beginnt in **Vietri sul Mare** › S. 123. Bevor man sich aber auf die kurvenreiche Strecke begibt, sollte man noch die Keramikwerkstätten des Ortes in Augenschein nehmen, einen Abstecher zum Strand machen und im Ortsteil Raito das Keramikmuseum besuchen. Über **Cetara** und das aussichtsreiche **Capo d'Orso** › S. 123 geht es als Erstes nach **Maiori** und **Minori** › S. 122,

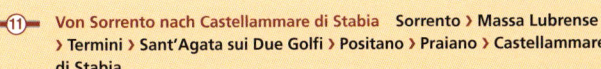

— ⑪ — **Von Sorrento nach Castellammare di Stabia**   Sorrento › Massa Lubrense › Termini › Sant'Agata sui Due Golfi › Positano › Praiano › Castellammare di Stabia

beides Orte, die wegen ihrer verhältnismäßig langen Strände viel Zulauf haben. Nach einigen weiteren Kurven gilt es, den Abzweig nach ****Ravello** ❯ S. 119 nicht zu verpassen, das auf einer abenteuerlich engen und kurvigen Straße zu erreichen ist. Hier sollte man sich einquartieren, denn der Ort hat mit dem ***Dom,** der ***Villa Cimbrone** und der ****Villa Rufolo** ❯ S. 120 einige Sehenswürdigkeiten zu bieten. Zudem liegt er etwas abseits vom Trubel der Amalfitana in relativ frischer Luft hoch über dem Golf.

Am nächsten Morgen sind es nur wenige Kilometer bis ***Amalfi** ❯ S. 117, wo man unbedingt den ***Dom** besuchen und einen Spaziergang durch die Altstadt machen sollte. Nach dem Besuch der ***Grotta di Smeraldo** ❯ S. 116 steht noch der etwas anstrengende Spaziergang durch ****Positano** ❯ S. 114 auf dem Programm.

Von Sorrento nach Castellammare di Stabia

⏤⑪⏤ **Sorrento** ❯ **Massa Lubrense** ❯ **Termini** ❯ **Sant'Agata sui Due Golfi** ❯ **Positano** ❯ **Praiano** ❯ **Castellammare di Stabia**

Dauer: 2 Tage
Praktische Hinweise: Wer keine Angst vor engen, kurvigen Straßen hat und geduldig bei der Parkplatzsuche ist, für den ist das eigene Auto oder ein Mietwagen das geeignete Transportmittel.

Die Tour beginnt in ***Sorrento** ❯ S. 111, einer Stadt, die wunderschön am Rande einer steil ins Meer abbrechenden Hochebene liegt. Auch die Altstadt von Sorrento lohnt einen längeren Spaziergang.

Nun geht die Fahrt entlang der Küste nach **Massa Lubrense** ❯ S. 113, einem betriebsamen Ort mit dem schönen Hafen Marina della Lobra. Auf engen Straßen fährt man weiter zum kleinen Ort **Termini,** der als Ausgangspunkt für einen Abstecher zur **Punta Campanella** ❯ S. 114 dient, der äußersten Spitze der Sorrentinischen Halbinsel. Zurück in Termini führt die Straße nach **Sant'Agata sui Due Golfi** ❯ S. 114, einem Ort, von dem man sowohl den Golf von Salerno als auch den Golf von Neapel überblicken kann.

Danach ist bald das Tagesziel ****Positano** ❯ S. 114 erreicht. Der Anblick von Positano ist atemberaubend, denn die Würfelhäuser des berühmten und mondänen Ortes stapeln sich vertikal übereinander. Beim Ortsbummel sind steile Gassen zu erklimmen.

Am nächsten Tag fährt man weiter auf der Amalfitana bis **Praiano** ❯ S. 116, biegt dann ins Landesinnere ab und durchquert auf kurvigen Straßen die wilden **Monti Lattari,** die das Rückgrat der Sorrentinischen Halbinsel bilden. Nach der kurvenreichen Fahrt durch die Berge erreicht man wieder die Küste und das an einer weiten Bucht gelegene **Castellammare di Stabia** ❯ S. 113.

Echt gut

Unterwegs in der Region

*Sorrento 1

Die Stadt (16 600 Einw.) thront am Rande der steil ins Meer abbrechenden Hochebene. Der Blick geht auf den Golf, der Vesuv liegt direkt gegenüber. Prunkvillen, Nobelhotels aus der Belle Époque und gepflegte Uferpromenaden bestimmen das Stadtbild. Apfelsinen- und Zitronenplantagen zieren Gärten und Umgebung.

Sorrent war bereits in der Antike eine beliebte Sommerfrische der römischen Aristokratie. Im 18. und beginnenden 19. Jh. entdeckten englische Dichter die Stadt, die seitdem begehrtes Ziel Italienreisender aus Gefilden nördlich der Alpen ist.

Zentrum des Ortes ist die **Piazza Torquato Tasso,** so benannt nach dem berühmten Renaissancedichter (1544–1595), der hier geboren wurde. An der Ecke Via Giuliani/Via Cesareo steht der **Sedile Dominova,** einstiges Versammlungsgebäude des Stadtadels. Heute ist es im Besitz eines Arbeiterzirkels. Es ist das einzige erhaltene Exemplar einer für die Golfregion im 15. Jh. typischen Bauform. Die Majolikaverkleidung der Kuppel stammt aus dem 17. Jh.

An der Piazza Gargiulo befindet sich der Franziskanerkonvent **San Francesco.** Sehenswert ist der reizvolle kleine Kreuzgang mit gotischen Spitzbogen (13. Jh.).

Der angrenzende frühere Klostergarten, die heutige **Villa Comunale** ist wohl einer der schönsten Stadtparks, die es gibt. Echt gut! Von der Aussichtsterrasse blickt man über den Golf mit dem Vesuv im Hintergrund.

Über die Via Correale gelangt man zum **Museo Correale di Terranova** in einem Adelspalast (17. Jh.). Es präsentiert griechische und römische Skulpturen sowie eine bedeutende Sammlung der *arti minori* (Kunsthandwerk): Majoliken, Möbel, Uhren aus dem

Im Renaissance-Ambiente des Sedile Dominova

17./18. Jh. und Andenken an Torquato Tasso (Mi–Mo 9–14 Uhr).

Am ersten Sonntag im Juli findet in Sorrento eine große Bootsprozession statt. Ein **farbenfrohes Fest im alten Fischenhafen Marina Grande** am 26. Juli ist der Schutzheiligen Sant'Anna gewidmet, das mit einem eindrucksvollen Feuerwerk über dem Meer endet. Das Marienfest am 17. September wird u.a. mit einem Jahrmarkt begangen.

Echt gut!

Info

A.A.S.T.
Via L. de Maio 35][80067 Sorrento
Tel. 08 18 07 40 33
www.sorrentotourism.com

Verkehr

■ **Fährverbindungen:** Fähren (50 Min.), Tragflügelboote (20 Min.) nach Capri.

■ **Bahnverbindungen:** Circumvesuviana nach Pompeji und Neapel.

■ **Busverbindungen:** Massa Lubrense, Sant'Agata, Positano, Amalfi. Abfahrt Stazione Circumvesuviana.

Terrasse des Hotels Bellevue Syrene

Hotels

Sorrento ist mit Hotels sehr gut ausgestattet, es gibt eine Reihe von schönen Häusern aus dem 19. Jh. Viele Betriebe sind jedoch von Reiseveranstaltern gebucht, und etwa die Hälfte ist außerhalb der Saison geschlossen.

■ **Excelsior Vittoria**
Piazza T. Tasso 34
Tel. 08 18 77 71 11][**www.exvitt.it**
Traditionsreiches Grandhotel mit Flair, Freskendecken, Stuck und höchstem Komfort. Ganzjährig. ●●●

■ **Bellevue Syrene**
Piazza della Vittoria 5
Tel. 08 18 78 10 24
www.bellevue.it
Klassizistischer Bau mit herrlicher Aussichtsterrasse im pompejischen Stil. Halbpension. Ganzjährig. ●●●

■ **La Tonnarella**
Via Capo 31][**Tel. 08 18 78 10 16**
www.latonnarella.it
Altes Haus am Meer mit schönen Zimmern, ruhig im Grünen gelegen. Herrliche Majolika-Dekorationen. Nov.–Ende Jan. geschl. ●●–●●●

■ **Desiree**
Via Capo 31B][**Tel. 08 18 78 15 63**
www.desireehotelsorrento.com
Nettes schlichtes Hotel garni, neben dem Hotel La Tonnarella (s.o.). ●–●●

■ **Ostello delle Sirene**
Via degli Aranci 160
Tel. 08 18 07 29 25
www.hostellesirene.com
Private Jugendherberge.

Camping

International Camping Nube d'Argento
Via Capo 21
Tel. 08 18 78 13 44
www.nubedargento.com

Campingplatz in toller Lage oberhalb der Marina Grande.

■ **Caruso**
Via Sant'Antonino 12
Tel. 08 18 07 31 56
www.ristorantemuseocaruso.com
Edles Feinschmeckerlokal im Zentrum, das u.a. feine Menüs serviert. ●●●

■ **O'Parrucchiano**
Corso Italia 71][Tel. 08 18 78 13 21
www.parrucchiano.com
Traditionsreiches Restaurant, mit Pavillons inmitten eines Zitrusgartens. ●●

Sorrent ist berühmt für **Holzintarsien**, meist auf sehr zierlichen Möbeln. Prüfen Sie jedoch die Einlegearbeit vor dem Kauf: Zuweilen verbirgt der Klarlack nur eine Papierfolie!

Ausflug zum *Monte Faito

Auf der Küstenstraße gelangt man nach **Vico Equense** ❷, einer Kleinstadt auf einem ins Meer ragenden Tufffelsen. Eine kurvenreiche Strecke führt auf den 1131 m hohen Aussichtsberg *Monte Faito ❸, von wo der Blick über die Halbinsel und den Golf reicht. Wer sich die Kurven sparen möchte, fährt entlang der Küste weiter nach **Castellammare di Stabia** ❹ und besteigt am Circumvesuviana-Bahnhof die Seilbahn zum Monte Faito (April bis Okt.). Von der Bergstation führt eine Wanderweg nach Südosten in Richtung Gipfel.

Massa Lubrense ❺

Das mittelalterliche Städtchen ist ein quirliges Ferienziel. Im alten Ortskern erhebt sich auf der Piazza Vescovado der **Bischofspalast** mit schöner Stuckfassade aus dem 18. Jh. Im alten Fischerdorf **Marina della Lobra** starten ==Bootsausflüge mit Fischern== › S. 124. Zu Füßen des Ortes steht die Kirche **Santa Maria di Lobra** mit ihren bunten Majolikakuppeln und dem hübschen, kleinen Kreuzgang im angrenzenden Kloster.

■ **Sea Club Conca Azzura Resort**
Via Villazzano 3][Tel. 08 18 78 96 66
www.seaclubsorrento.com

Die besten Souvenirs

■ In Neapel kann man sich mit weihnachtlichen Souvenirs eindecken, denn in der Via San Gregorio Armeno gibt es originelle **Krippenfiguren** › S. 53.
■ **Olivenöl aus Massa Lubrense** und andere regionale Erzeugnisse bieten u.a. die Salumeria Persico › S. 114 oder der Agriturismobetrieb Torrecangiani in Massa Lubrense (www.torrecangiani.com).
■ Ein schönes Mitbringsel aus dem Land der Zitronen ist der Zitronenlikör **Limoncello** oder andere fruchtige Produkte aus Zitrusfrüchten der Amalfitana › S. 119.
■ Wer im Cilento Urlaub macht, solte sich den echten **Büffel-Mozzarella** › S. 133 nicht entgehen lassen. Die Region lockt zudem mit bestem **Olivenöl aus dem Cilento** › S. 136.

Das malerische Positano hat sogar einen schönen Strand zu bieten

Hotel mit Feriendorfcharakter und Campingplatz, in kleiner Bucht 1 km vor dem Ort. Mehrere Pools, Terrassengärten, gute Sportmöglichkeiten. ●●
■ **Piccolo Paradiso**
Piazza Madonna della Lobra 5
Tel. 08 18 78 92 40
www.piccolo-paradiso.com
Angenehmes Haus oberhalb von Marina della Lobra; mit Terrassenrestaurant und Pool. ●●

Shopping

Das gute Olivenöl von Massa Lubrense und weitere regionale Spezialitäten findet man z. B. in der **Salumeria Persico,** Via Roma 34.

Sant'Agata sui Due Golfi 6

Nomen est omen: Von dem knapp 400 m ü. d. M. gelegenen Ferienort bietet sich ein schöner Blick über die Golfe von Neapel und Salerno, besonders, wenn man

zum Kloster Deserto hinaufwandert (Hinweg etwa 20 Min.).

Restaurant

Don Alfonso 1890
Corso Sant'Agata 11
Tel. 08 18 78 00 26
www.donalfonso.com
3-Sterne-Lokal mit regionaler Küche, Zutaten aus eigenem Anbau; sehr gute Weinkarte. Reservieren! ●●●

Ausflug zur Punta Campanella 7

Auf kleiner, kurvenreicher Straße fährt man zum **Dorf Termini.** Von dort führt ein Eselsweg zur Punta Campanella. Bei dem etwa 40-minütigen Spaziergang an die äußerste Spitze der Sorrentinischen Halbinsel taucht man ein in die sagenhafte Welt der Sirenen. Capri liegt zum Greifen nahe: Nur 6 km trennen es vom Festland. Der Sage nach sollen hier, in den felsigen Buchten der Punta Campanella, die Sirenen gehaust haben, märchenhafte Geschöpfe, halb Vogel, halb Frau, die so verführerisch sangen, dass die vorbeifahrenden Seeleute das Navigieren vergaßen und ihre Schiffe an den Klippen zerschellten.

**Positano 8

In Sant'Agata stößt man auf die berühmte »Straße des Blauen Bandes«, auf der man nach kurven- und panoramareicher Fahrt Positano (4000 Einw.) erreicht. Die reizvolle Kleinstadt schmiegt sich an einen Steilhang: Kaskadengleich fällt die Front der kubischen, hellrosa und gelb getünchten Häuser zum Meer ab. Das Zentrum ist weitgehend verkehrsfrei, Gassen, Treppen und Torbögen dienen als Verbindungswege.

Positano wurde im Mittelalter als Seefahrerstadt gegründet und stand in lebhafter Rivalität zum damals mächtigen Amalfi. Wegen seiner exponierten Lage musste es sich oft gegen Sarazenenüberfälle wehren. Vom Land her war Positano (wie die anderen Küstenstädte) bis Anfang des 19. Jhs. nur über Maultierpfade zu erreichen. Um die Wende zum 20. Jh. wurde der malerische Ort von ausländischen Künstlern entdeckt, die hier überwinterten. Er zog die Schriftsteller John Steinbeck und Stefan Andres ebenso an wie den Regisseur Franco Zeffirelli oder den Architekten Le Corbusier.

 Die Häuser sind **in der typischen Küstenarchitektur** gehalten: schachtelförmig, teils mit den flachen Kuppeldächern und Terrassen über kleinen Portici. Die Pfarrkirche **Santa Maria Assunta** mit grün schillernder Majolikakuppel liegt nahe der Marina Grande, dem alten Fischerhafen. Positano lebt heute nicht mehr von der Fischerei, sondern ist zu einem rege frequentierten eleganten Ferienort herangewachsen.

Info

A.A.S.T.
Via del Saracino 4][84017 Positano
Tel. 0 89 87 50 67
www.aziendaturismopositano.it

Verkehr

■ **Schiffsverbindungen:** Fähren im Sommer von Amalfi, Salerno, Sorrento und Neapel.

■ **Busverbindungen:** Linienbusse entlang der Küstenstraße nach Salerno und Sorrento.

Hotels

In Positano und Umgebung gibt es viel Unterkünfte jeder Kategorie, die aber oft außerhalb der Saison schließen.
■ **Palazzo Murat**
Via dei Mulini 23][Tel. 0 89 87 51 77
www.palazzomurat.it
Schöner, stilvoller alter Adelspalast aus dem 18. Jh. mit wundervollem Hof. Mai–Sept. ●●●
■ **Il San Pietro**
Via Laurito 2][Tel. 0 89 87 54 55
www.ilsanpietro.it
Super-Luxushotel, terrassenförmig in einen steil ins Meer abfallenden Felsen gebaut. April–Mitte Okt. ●●●
■ **Savoia**
Via C. Colombo 73
Tel. 0 89 87 50 03
www.savoiapositano.it
Im Zentrum mit Blick auf die Piazzetta dei Mulini. Schöne Ausstattung mit Kuppeldecken und Majolikaböden. ●●

Restaurants

■ **Il Capitano**
Via Pasitea 119][Tel. 0 89 81 13 51
www.hotelmontemare.it
Elegant und stilvoll speisen auf einer Terrasse über dem Meer. ●●–●●●
■ **Chez Black**
Via Brigantino 19][Tel. 0 89 87 50 36
www.chezblack.it
Auf der Terrasse mit Meeresblick werden u.a. vorzügliche Fischgerichte serviert. ●●

Aktivitäten

Tauchen: Die Küste zwischen der
Punta Campanella und Positano ist
mit ihren vielen Unterwassergrotten
ein Dorado für Taucher.
Infos erhält man bei der A.A.S.T.
› S. 115.

Praiano 9

Auf einer kurvenreichen Straße
erreicht man das am Hang liegende ehemalige Fischerdorf (2000
Einw.), das sich mittlerweile in
einen netten Ferienort verwandelt
hat. Eine steile Rampe führt hinunter nach **Marina di Praia,** dem
Fischerhafen. Er liegt am Ausgang
einer Schlucht, wo sich auch der
kleine Strand von Praiano befindet. Diverse Restaurants sorgen
hier für das leibliche Wohl ihrer
Gäste.

Hotels

🔶 **Tritone**
Via Campo 5][84010 Praiano
Tel. 0 89 87 43 33
www.tritone.it
Großzügiges Haus auf einem Felsen
über dem Meer, Privatstrand. ●●●

🔶 **Le Sirene**
Via San Nicola 10
Tel./Fax 0 89 87 40 13
www.lesirene.com
Kleines Familienhotel in schöner Küs-
tenlage, nur über Treppen zu erreichen.
Alle Zimmer mit Meeresblick, Halbpen-
sion. Ostern–Okt. ●●

Restaurant

Onda Verde
Via Terramare 3][Tel. 0 89 87 41 43
www.ondaverde.it

Kleines Hotel direkt über dem Meer
mit einfacher, schmackhafter Küche.
Wunderbarer Blick. ●●—●●●

Ausflug ins Val-
lone di Furore

Hinter Praiano öffnen sich tiefe
Schluchten im Berghang; sie werden *valloni* genannt. Der impo-
nierendste ist der **Vallone di
Furore** 10. An die senkrecht auf-
steigenden Wände der Schlucht
krallen sich uralte kleine Fischer-
häuser. Wenig später weitet sich
die Straße zu einem Platz, von
dem aus man über eine Treppe
oder mit dem Aufzug zur ***Grotta
di Smeraldo** (Smaragd-Grotte)
hinuntergelangen kann. Die
Tropfsteinsäulen in der mit Meer-
wasser gefüllten Höhle (60 mal
30 m) erreichen eine Höhe von
bis zu 10 m. Das hereindringende
==Licht verleiht der Grotte einen
smaragdgrünen Schimmer,== vor
allem gegen Mittag (tgl. 10 bis
16 Uhr).

Echt
gut

Die Straße windet sich nun um
den Capo di Conca herum, passiert den Ferienort **Conca dei
Marini** 11, ein weiteres ehemaliges Fischernest, und erreicht **Vettica** 12.

Von hier aus bietet sich ein Abstecher ins Hinterland an (25 km).
Kurz hinter Vettica steigt in engen
Serpentinen eine Straße hinauf
zur der Streusiedlung **Agerola** 13.
Auf dem Weg dorthin fährt man
an den Häusern von **Furore** vorbei. Von Agerola auf einer Hochebene, führt eine ca. 4 km lange

Straßenschleife zum Ortsteil **San Lazzaro** auf der sog. *Punta,* einer natürlichen Terrasse, die einen grandiosen Blick über die gesamte Amalfitanische Küste bis hin nach Capri freigibt.

10 *Amalfi 14

Die berühmte kleine Stadt liegt an den Hängen eines zum Meer hin geöffneten Steiltals namens Valle dei Mulini › S. 119. Der Überlieferung nach wurde Amalfi um 320 n. Chr. von schiffbrüchigen Römern gegründet, die sich auf dem Weg nach Konstantinopel befanden: Eben zu dieser Zeit verlegte Kaiser Konstantin den Sitz der Reichshauptstadt des Imperiums von Rom nach Byzanz. Die Stadt war eine Weile unter byzantinischer Herrschaft, konnte jedoch bald ihre Selbstständigkeit erringen. Im 10. und 11. Jh. war Amalfi eine mächtige Seerepublik mit einem Dogen an der Spitze, vergleichbar den Machtzentren Genua, Pisa und Venedig. Wie diese verdankte es seinen Reichtum ausgedehnten Handelsbeziehungen mit dem Orient.

Die Schifffahrtsgesetze der Republik Amalfi, die sog. *Tabulae Amalphitanae,* waren über Jahrhunderte hinweg maßgeblich für das gesamte Mittelmeer. Gleichwohl war Amalfi die kurzlebigste aller italienischen Seerepubliken. 1131 wurde es von den normannischen Truppen Rogers II. eingenommen und wenig später von den Pisanern geplündert. Danach vergaß man es, bis Engländer vor

Prachtvoll-bunte Fassade des Doms von Amalfi aus dem 19. Jh.

etwa 100 Jahren das malerische Fischerstädtchen entdeckten.

Der heutige Ort besteht aus mehrstöckigen, über- und ineinander verschachtelten Häusern. Amalfi ist so eng und steil, dass es nur über Treppengässchen zu begehen ist.

Zu den Hauptattraktionen von Amalfi gehört der ***Dom** nahe dem Hafen. Der Grundbau stammt aus arabisch-normannischer Zeit (13. Jh.), doch nur der ***Campanile** besitzt noch die ursprüngliche Gestalt. Die bunte Fassade ist dagegen eine Imitation aus dem 19. Jh., dafür versöhnt aber das bronzene Mittelportal, das im 11. Jh. in Konstantinopel gegossen wurde.

An den Dom schließt sich links der ***Chiostro del Paradiso** mit anmutigem Kreuzgang aus dem 13. Jh. an. Maurische Spitzbogen über Doppelsäulen umschließen den stillen Garten (Juni–Okt. 9.30–19 Uhr, Nov.–Mai 9.30 bis 17.15 Uhr).

Am 27. Juni findet die Festa di Sant'Andrea mit feierlicher Prozession statt, bei der die Statue des Schutzpatrons zum Meer und – im Laufschritt – wieder zurück zum Dom getragen wird – ein sehenswertes Ereignis.

Die kleine Bucht ist Parkplatz, (Fischer-)Hafen und Strand. Im **Arsenale della Repubblica,** in das man von der Hafenstraße einen Blick werfen kann, wurden einst Galeeren gebaut.

Einen Katzensprung von Amalfi entfernt liegt auf einer Felsenklippe über dem Meer ***Atrani.** <mark>Der kleine Ort ist einer der bezauberndsten Winkel der Küste.</mark> Er gehört zu Amalfi und ist von dort auch zu Fuß erreichbar. Zu Amalfis großen Zeiten wohnten hier die Nobelfamilien. In der Dorfkirche wurden Amalfis Dogen gekrönt und begraben.

Echt gut!

Info

A.A.S.T.
Via delle Repubbliche Marinare
84011 Amalfi
Tel./Fax 0 89 87 11 07
www.amalfitouristoffice.it

Verkehr

■ **Schiffsverbindungen:** Während der Saison Ausflugsboote nach Neapel, Capri, Positano.

■ **Busverbindungen:** Entlang der Küste nach Salerno, Positano, Sorrent.

Hotels

■ **Luna Convento**
Via Pantaleone Comite 33
Tel. 0 89 87 10 02
www.lunahotel.it
Ehemaliges Kloster mit stimmungsvollem Kreuzgang und viel Flair. Ganzjährig. ●●●

■ **Antica Repubblica**
Vico dei Pastai 2
Tel. 08 98 73 63 10
www.anticarepubblica.it
Hübsch renoviertes Stadthotel, wenige Schritte von der Piazza Duomo entfernt. Frühstück auf der Dachterrasse. Ganzjährig. ●●

■ **Villa Annalara**
Via delle Cartiere 11
Tel./Fax 0 89 87 11 47
www.villaannalara.it
Die sechs Zimmer in dem renovierten Palazzo aus dem 19. Jh. tragen die Namen von Blumen. Sehr schöne Dachterrasse, Hanglage. ●●

■ **Lidomare**
Largo Duchi Piccolomini 9
Tel. 0 89 87 13 32
www.lidomare.it
Kleines altes Stadthaus mit schöner Terrasse nahe dem Dom; sehr gepflegt. Ganzjährig. ●—●●

Restaurants

■ **Caravella**
Via M. Camera 12
Tel. 0 89 87 10 29
www.ristorantelacaravella.it
Fischlokal mit Tradition und gutem Ruf. In der Enoteca kann man die Weine auch erstehen. Nov., Jan.–Anf. Febr. geschl. Di Ruhetag. ●●—●●●

■ **Trattoria Da Baracca**
Piazza dei Dogi
Tel. 0 89 87 12 85
Familientrattoria am kleinen Markt-
platz; köstlich: die *Zuppa di Mare.* Mit-
te Nov.–Jan. geschl., Mi Ruhetag. ●●

Shopping

■ Entlang des Corso wird **Limoncello**
(Zitronenlikör) in allen Qualitäten verkauft. Kosten sollte man ihn in der
Pasticceria Pansa (Piazza Duomo).
■ Gutes aus Zitronen und Orangen
wie Likör, Marmelade und Parfüm stellt
die Fabrik **C.A.T.A.** (Via delle Cartiere
55/57, www.cata.amalfi.it) her.

Aktivitäten

Von Amalfi aus bieten sich einige anstrengende, aber schöne Wanderungen
an, die mit herrlichen Ausblicken belohnt werden. Meist steile Treppenwege führen nach Ravello, Scala und Po-
gerola und weiter nach San Lazzaro
und Agerola. Gute Wanderschuhe sind
unerlässlich.

Ausflug ins Valle dei Mulini 15

Ein Ausflug ins Mühlental ist eine
lohnende Reise in die Vergangenheit. Der Name rührt daher, dass
hier mehrere Papiermühlen angesiedelt waren, in denen besonderes handgeschöpftes Papier hergestellt wurde. Eine ist bis heute in
Betrieb; der Besitzer läßt einen
bei seiner Arbeit zusehen.

Das Valle dei Mulini erlebt man
am besten zu Fuß: eine schöne
Wanderung von Amalfi aus (etwa
1 Std.) führt auf gut gesichertem
Weg entlang dem Flüsschen Gre-
vone, das einst die Papiermühlen
betrieb.

**Ravello 16

Das Städtchen (2500 Einw.) thront
in fantastischer Lage auf einer
300 m hohen Terrasse über dem
Meer. Das noch aus seiner mittelalterlichen Glanzzeit stammende
maurisch geprägte Stadtbild hat
Ravello bis heute weitgehend be-
wahrt. An diesem Ort ==verbinden== **Echt gut!**
==sich einmalig Kunst, Natur und==
==die Stille herrschaftlicher Gär-==
==ten.== Einen Kontrast bildet dabei
das **Auditorium Oscar Niemey-
er,** das 2010 fertiggestellte avant-
gardistische Konzerthaus des bra-
silianischen Stararchitekten.

Die Straße mündet auf der
Piazza del Vescovado (vorher parken, die Stadt ist autofrei!). Über
einer breiten Treppe erhebt sich
der *Dom mit seiner schlichten
Fassade. Er wurde zwar im Jahr
1086 gegründet, später wurde er

Löwen tragen die mosaikverzierte
Kanzel im Dom von Ravello

jedoch barockisiert. Die Bronze-
türen des Portals, ein Werk des
Bildhauers Barisano da Trani
(1179) aus Apulien, sind im Original erhalten. Szenen aus der
Leidensgeschichte Christi sind auf
den insgesamt 54 Feldern ebenso
zu finden wie Darstellungen von
Akrobaten, Sirenen und Gladiato-
ren. Der **Campanile** stammt aus
dem 13. Jh. Von seinen barocken
Zutaten befreit wurde der Innenraum der Kirche. Antike Säulen
aus Paestum tragen die Gewölbe.

Echt gut! **Das wertvollste Stück ist die mo-
saikgeschmückte *Kanzel,** ein
Werk des apulischen Meisters
Niccolò da Foggia (1272); links
davon ist ein kleines Lesepult von
1130 zu erkennen.

Östlich des Doms erhebt sich
San Giovanni del Toro. Fassaden
und Turm der Kirche aus dem
12. Jh. sind im sizilianisch-arabischen Stil gehalten. Der Innenraum mit den drei hohen Kuppel-
apsiden birgt eine mosaik- und
freskengeschmückte Kanzel aus
dem 12. Jh.; die Krypta ist mit
Fresken des 13. Jhs. im Stil Giot-
tos ausgemalt.

Nur wenige Schritte vom Dom
entfernt befindet sich der Eingang
zur ****Villa Rufolo,** Hauptattraktion Ravellos (www.villarufolo.it,
tgl. 9–20, im Winter bis 16 Uhr,
Eintritt 5 €). Die Villa setzt sich
aus einem Komplex von Gebäuden im sizilianisch-arabischen Stil
zusammen, die Ende des 13. Jhs.
von der reichen Familie Rufolo
errichtet wurden. Später wechsel-
te die Villa mehrfach den Besitzer,
bis sie 1851 der Schotte Francis
N. Reid erwarb, der sie restaurie-
ren ließ. Man betritt die Villa Rufolo durch das Portal eines ge-
drungenen Turms aus dem 14. Jh.

Wagner in Ravello

Der 26. Mai des Jahres 1880 spielt in der Geschichte der Villa Rufolo eine wichtige Rolle: An jenem Tag kam der Komponist Richard Wagner mit seiner Frau
Cosima nach Ravello. Das Ehepaar hatte im Hotel Cappuccini Convento in
Amalfi übernachtet und war dann morgens auf Eselsrücken nach Ravello her-
aufgeritten. Wagner arbeitete gerade an seiner Oper »Parsifal«, aber er befand
sich in einer Schaffenskrise, der zweite Akt wollte ihm nicht gelingen. Als er
jedoch in die Villa Rufolo kam mit ihrem verwunschenen Gemäuer und ihren
überwucherten Höfen, erkannte er in ihr das, was er suchte. »Klingsors Zauber-
garten ist gefunden!«, schrieb der Meister ins Gästebuch des Hotels Palumbo.

Seitdem fühlt sich Ravello als Wagnerstadt. Es gibt ein Hotel Parsifal, ein
Hotel Graal, und alljährlich im Sommer kommt beim Ravello Festival (ehem.
»Wagner-Festspiele«) im Park der Villa Rufolo und nun auch im Niemeyer-
Auditorium Musik des Maestro und anderer Komponisten in hochrangiger
Besetzung zur Aufführung. Über Termine und Tickets informieren die A.A.S.T.
☏ S. 121, die Fondazione Ravello (Tel. 0 89 85 84 22, www.ravellofestival.com)
sowie die Ravello Concert Society (Tel. 0 89 85 81 49, www.ravelloarts.org).

Durch eine Allee geht es zum eigentlichen Palast, dessen ***Innenhof mit Kreuzgang im maurisch-sizilianischen Stil ein Kleinod** ist. Dahinter liegt der üppig wuchernde Garten mit herrlichem Blick auf Küste und Meer.

Von der Villa Rufolo erreicht man über die Via San Francesco nach einigen Minuten Fußmarsch am äußersten westlichen Ende des Felsplateaus die ***Villa Cimbrone,** heute ein Luxushotel (www.villacimbrone.it, ●●●).

Berühmt ist die Villa wegen ihres prächtigen ***Parks** mit seinen Aussichtsterrassen und exotischer Vegetation. Absoluter Höhepunkt des Parkbesuchs ist der Blick von der ****Terrazza dell'Infinito** (Terrasse der Unendlichkeit). Bis zum äußersten Ende des Felssporns mit senkrechten Abstürzen wagt sich dieser Aussichtspunkt vor, eine Reihe verwitterter Marmorbüsten krönt das Geländer. Von hier hat man den wohl schönste Ausblick über die Steilküste und den Golf von Salerno (tgl. 9–20 Uhr, im Winter bis Sonnenuntergang, Eintritt 6 €).

Kopie des Mittelalters: Kreuzgang der Villa Cimbrone

Info

A.A.S.T.
Via Roma 18 bis
84010 Ravello
Tel. 0 89 85 70 96
www.ravellotime.it

Hotels

■ **Palumbo**
Via S. Giovanni del Toro 16
Tel. 0 89 85 72 44
www.hotelpalumbo.it

Luxushotel im denkmalgeschützten Palazzo des 12. Jhs. Mit Garten und Bootsvermietung. Ganzjährig. ●●●
■ **Rufolo**
Via S. Francesco 1
Tel. 0 89 85 71 33
www.hotelrufolo.it
Komfortables Haus im alten Stadtkern, auf mehrere Terrassen verteilt. Ganzjährig. ●●●
■ **Toro**
Via Roma 16
Tel. 0 89 85 72 11
www.hoteltoro.it
Sympathische Familienherberge im Zentrum, mit Garten. März–Nov. ●●
■ **Casa Rossa**
Vermietung durch Studio Dama
Via G. Boccaccio 19
Tel. 0 89 85 83 90
www.studiodama.com

An der Costiera Amalfitana

Großzügige, perfekt ausgestattete Ferienwohnung in ebenso ruhiger wie spektakulärer Lage. <mark>Grandioser Fernblick über die Amalfiküste vom großen Balkon.</mark> Nur wenige Minuten zu Fuß ins Zentrum von Ravello. ●●

Echt gut!

I due fratelli

Nach zwei Brüdern sind die Felsformationen im Meer vor Vietri sul Mare benannt, die – so die Legende – mit ihren Schafen an den Strand kamen und dort ein schlafendes Mädchen fanden. Als die Wogen ihren Körper ins windumtoste Meer rissen, stürzten sich die Brüder sofort in die Fluten, in denen sie aber samt ihrer Schafherde ertranken. Der Meereskönig Neptun, dessen unsterbliche Tochter sie unwissenderweise hatten retten wollen, war von ihrer selbstlosen Hilfsbereitschaft so gerührt, dass er ihre Körper in diese Klippen verwandelte.

■ **Confalone**
Im Hotel Palumbo › S. 121
Märchenhaftes Nobelrestaurant in Räumen aus dem 12. Jh. ●●●

■ **Cumpa' Cosimo**
Via Roma 44][**Tel. 0 89 85 71 56**
Traditionelles Familienlokal (auch Pizza) im Zentrum, in dem schon Humphrey Bogart und Ingrid Bergman diniert haben. ●●

Östliche Amalfitana

Die Küstenstraße führt weiter nach **Maiori** 🔟 (5600 Einw.). Der typische, terrassenförmig ansteigende Ort ist wegen des langen Strandes, wie auch das im Westen anschließende kleinere **Minori,** ein beliebter Badeplatz und in der Saison entsprechend belebt. Hinter Maiori wird die Küste noch einmal steil und wild.

Am **Capo d'Orso** 18 lohnt sich ein Halt, um die grandiose Aussicht zu genießen.

Bei **Vietri sul Mare** 19 (8300 Einw.) erreicht man das Ende der Amalfitanischen Küste. Der Ort zeigt sich unter dem Einfluss des nahen Salerno vororthaft-städtisch. Er ist berühmt für seine Keramik. In der Hauptstraße verlocken die vielen Keramikgeschäfte zum Kauf der farbenprächtigen Vasen, Teller und Kacheln, die für die Küsten- und Inselregion typisch sind und auch Badezimmer vieler Hotels zieren.

Im hoch gelegenen Ortsteil Raito erhält man im **Keramikmuseum** (Di–So 9–15.30, Juni–Okt. bis 18.30 Uhr) einen guten Überblick über das bis ins 17. Jh. zurückreichende Töpferhandwerk.

Cava de' Tirreni 20

Etwas landeinwärts liegt, an den steilen Fels geklammert, die **Abbazia della Trinità di Cava.** Man erreicht die Abtei entweder über Cava de' Tirreni oder über eine Nebenstraße von Marina di Vietri aus. Wallfahrtskirche und Kloster wurden im 11. Jh. gegründet und später barockisiert. Es sind aber noch Teile aus der Gründungszeit erhalten, unter anderem eine *Kanzel (13. Jh.), ein Marmorportal (15. Jh.) in der Kirche und ein romanischer Kreuzgang im Kloster (tgl. 9–11.15, nachmittags nach Vereinbarung 16–17.30 Uhr, www.badiadicava.it).

In Cava de' Tirreni findet jährlich am 7. Juli die **Disfida de' Trombonieri** statt, ein Volksfest mit historischen Umzügen und Wettkämpfen in Kostümen. Es ist eines der schönsten und unverfälschtesten Feste der Region.

Tolle Ausblicke auf der Halbinsel von Sorrent

Die Sorrentinische Halbinsel bietet vielerorts herrlichste Aussichten.

■ Von der Aussichtsterrasse der **Villa Comunale** in Sorrent blickt man über den Golf mit dem Vesuv im Hintergrund ❯ S. 111.

■ Von **Sant'Agata sui Due Golfi** kann man den Blick über gleich zwei Golfe schweifen lassen, die Golfe von Neapel und Salerno ❯ S. 114.

■ Die **Terrazza dell'Infinito** im Park der Villa Cimbrone von Ravello bietet den wohl reizvollsten Ausblick der gesamten Küste ❯ S. 121.

■ Das **Capo d'Orso** ist einer der schönsten Aussichtspunkte an der Amalfitana ❯ S. 123.

Pescaturismo, Tauchen und Wandern

Bootsausflug einmal anders

Nahe Sorrento und doch weit weg vom Trubel der Abertausend Touristen, die allmorgendlich auf Fähren und Tragflügelbooten Richtung Capri drängen, folgt das Leben der Fischer auf der Sorrentinischen Halbinsel immer noch seinen uralten Rhythmen. Der *Pescaturismo* ist eine Initiative junger engagierter Leute und Fischer aus Massa Lubrense. Treffpunkt ist um neun Uhr morgens am malerischen Fischerhafen Marina di Cassano unterhalb von Piano di Sorrento, oder der Marina della Lobra bei Massa Lubrense.

Die Fischer haben ihre ersten Netze bereits vor Sonnenaufgang eingezogen. Jetzt fahren sie mit ihren Gästen ein zweites Mal aufs Meer, und es gilt mit Hand anzulegen. Ein bis zwei Stunden, dann sind auch die letzten Netze geborgen und die *gozzi* – schlanke Boote aus Holz, wie sie heute noch in einigen Werften Sorrentos vom Stapel laufen – steuern eine ruhige Ankerbucht in der Riserva Marina an.

Nach einem Bad im kristallklaren Meer wird der frische Fang in den Töpfen und Pfannen der Bordküche zubereitet. Die anderen Zutaten, wie auch der kräftige Wein und das würzige Olivenöl stammen aus den Bauerngärten der Fischer. Ein Mahl, das man so schnell nicht vergessen wird!

Vorbei an Ruinen römischer Luxusvillen und den Felsen der Sirenen, deren Gesang schon Odysseus betörte, geht es am Nachmittag zurück. Im Juli und August, der Jahreszeit, in der *totani* – eine große Tintenfischart – gefangen werden, fahren die

Fischer auch abends hinaus. Während hinter Capri die Sonne im Meer versinkt, werden Lampen, sog. *siluri*, mehrere Hundert Meter tief ins Meer abgesenkt, die die Tintenfische anlocken. Jeder kann jetzt mit einer speziellen Angel sein Glück versuchen. Die gefangenen Fische werden noch auf dem Schiff frisch zubereitet, bevor es gegen ein Uhr nachts wieder an Land geht.

■ **Cooperativa Ulixes**
Via Parsano 6b][80067 Sorrento
Tel. 08 18 77 36 00
Mobil-Tel. 33 34 38 41 34
www.cooperativaulixes.it
Mai–Sept., tgl. bei gutem Wetter. Preis ca. 55 € pro Person, pro Boot je max. 10 Personen. Auf Wunsch organisiert Ulixes auch die Anfahrt mit dem Taxi vom Hotel.

■ **Parco Marino di Punta Campanella**
Viale Filangieri 40
80061 Massa Lubrense
Tel. 08 18 08 98 77
www.puntacampanella.org

Abtauchen in Neptuns Reich

In einem der besten Tauchreviere Kampaniens mit spektakulärer Kalkfelsküste, einer noch intakten Meeresflora und -fauna und zahlreichen Grotten, hat die professionelle Tauchbasis von Michele Mauro in der Marina del Cantone an der Südspitze der Halbinsel von Sorrent ihre Zelte bzw. Bungalows aufgeschlagen. Die komplette Ausrüstung kann gestellt werden, der Unterricht findet nach internationalen Richtlinien

statt. Tauchtörns gibt es in der Riserva Marina an der Punta Campanella, den Galli-Inseln, der Amalfitana und Capri.

Villaggio Turistico »Nettuno« – Centro Sub
Via A. Vespucci, 39
Marina del Cantone
80061 Massa Lubrense
Tel. 08 18 08 10 51
www.villaggionettuno.it
www.torreturbolo.com

Wandern im Land der Sirenen

Ein dichtes Netz relativ gut markierter Wanderwege durchzieht die Sorrentinische Halbinsel. An Zitronenhainen und Bauerngärten vorbei, erreicht man zu Fuß kleine Weiler, einfache Trattorien und verschwiegene Buchten. Alles ist grün und duftet, die Berge sind erstaunlich wild und menschenleer, man ist weit weg vom Trubel der Amalfitana. Man kann tagelang wandern oder aber auch nur ein Stündchen von einem Ort zum anderen laufen – für jeden ist etwas dabei.

Wanderführer **Giovanni Visetti** leitet Exkursionen und Tagesausflüge auf der Sorrentinischen Halbinsel und an der Amalfiküste (Via 4 Novembre 28, Massa Lubrense, Mobil-Tel. 33 96 94 29 11, www.giovis.com).

Wer Wanderungen lieber auf eigene Faust unternehmen will, erhält eine exzellente **Wanderkarte** – auch auf Deutsch – gratis bei Pro Loco Massa Lubrense, Viale Filangieri 11, Tel. 08 15 33 90 21, www.massalubrense.it.

Der Cilento

Nicht verpassen!

- ■ Die Tempel von Paestum in Augenschein nehmen
- ■ Im Museo Archeologico von Paestum den Sprung des Tauchers bewundern
- ■ Den echten handgerupften Mozzarella aus Büffelmilch kosten
- ■ Die Blaue Grotte von Palinuro erkunden
- ■ Den Gipfel des heiligen Berges, Monte Gelbison, erklimmen

Zur Orientierung

Die Tempelruinen von Paestum bilden den Auftakt des Abstechers in den Cilento. Drei hervorragend erhaltene griechische Tempel sind der Höhepunkt des weitläufigen Ausgrabungsgeländes. Einige Kilometer weiter südlich verlässt man die Sele-Ebene, die für ihren guten Mozzarella berühmt ist, und nähert sich dem Cilento.

Wer der Küstenstraße folgt, kommt durch eine Reihe beliebter Badeorte, die im Sommer vor allem italienische Touristen anziehen. Außerhalb der kurzen Sommersaison ist es hier jedoch still und beschaulich. Der Reiz der Cilentoküste liegt in dem ständigen Wechsel zwischen schönen Sandstränden und felsigen Abschnitten. In den kleinen Küstenorten gibt es bis heute keine Bettenburgen und Hochhäuser, alles wirkt beschaulich und familiär. Nur einige wenige Kilometer im Landesinneren verstecken sich uralte Dörfer mit mittelalterlichen und verwinkelten Gassen.

Schon bald ist man mittendrin im »Parco Nazionale del Cilento e Vallo di Diano«, dem zweitgrößten Nationalpark Italiens. Bewaldete, terrassierte Hügel, soweit das Auge reicht, ein Paradies für Naturliebhaber, die in aller Ruhe auf eigene Faust die Schönheiten dieser einmaligen Landschaft entdecken wollen.

Bergdorf Laurino

Touren in der Region

Die nördliche Cilentoküste

⑫ Paestum › Agrópoli › Casal Velino › Santa Maria di Castellabate › Agrópoli › Paestum

Dauer: 2 Tage
Praktische Hinweise: Für diese Tour ist ein Wagen von Vorteil, mit öffentlichen Verkehrsmitteln muss man mehr Zeit einplanen.

Nach einer ausgiebigen Besichtigung des archäologischen Tempelgeländes von *****Paestum** › S. 130 einschließlich des ****Museo Archeologico** › S. 132 geht es zur **Tenuta Vannulo** › S. 133, die für ihren hervorragenen Mozarella bekannt ist. Die Straße führt nun noch einige Kilometer durch die Seleebene, bevor der Ort **Agrópoli** › S. 133 auftaucht. Das Auto kann man getrost am Rande der Altstadt stehen lassen und zu Fuß durch die engen Gassen schlendern. Vom **Kastell** bietet sich ein wunderbarer Rundumblick über das hügelige Landesinnere, den Hafen, das moderne Agrópoli, bei klarer Luft ist sogar Capri zu sehen.

Von Agrópoli folgt man nun der Schnellstraße durch das Lan-

desinnere nach **Casal Velino** › S. 134. Nur wenige Dörfer unterbrechen auf der Fahrt die grüne Hügellandschaft des Cilento. Der alte Ortsteil Casal Velino einige Kilometer im Landesinneren und auch der moderne Küstenort **Marina di Casal Velino** eignen sich hervorragend für einen längeren Aufenthalt, denn die touristische Infrastruktur ist hervorragend, ohne dass selbst im Sommer der Trubel zu groß wird. Der lange und familienfreundliche Sandstrand und die vielfältigen Ausflugsmöglichkeiten sind weitere Pluspunkte.

Am nächsten Tag geht die Fahrt entlang der Küste zurück nach **Paestum.** Kleine Orte wie **Pioppi, Acciaroli, Agnone** oder **Ogliastro Marina** lohnen immer wieder Unterbrechungen, für einen Kaffee am Hafen oder einen kurzen Strandausflug. Ein wenig mehr Aufmerksamkeit hat **Santa Maria di Castellabate** › S. 133 wegen seiner Altstadt, dem Hafen und den schönen Stränden verdient.

Die südliche Cilentoküste

⊡ ⑬ ⊡ **Casal Velino › Monte Gelbison › Pisciotta › Palinuro**

Dauer: 2 Tage
Praktische Hinweise: Für diese Tour ist ein Wagen von Vorteil, da die öffentlichen Verkehrsmittel doch recht selten verkehren. Sonst wird besonders der Abstecher zum Monte Gelbison schwierig.

⊡ ⑬ ⊡ **Die südliche Cilentoküste**
Casal Velino › Monte Gelbison › Pisciotta › Palinuro

Von **Casal Velino** ❯ S. 134 sind es nur wenige Kilometer bis zu den Ausgrabungen in **Velia** ❯ S. 134 aus griechisch-römischer Zeit. Eine winzige Straße zweigt ins Landesinnere ab. Sie führt in unzähligen Kurven durch die fast menschenleere Bergwelt des Cilento nach **Ceraso** und weiter nach **Novi Velia**. Hier beginnt die Auffahrt zum Gipfel des **Monte Gelbison** (auch Monte Sacro genannt, Special ❯ S. 137) und zum **Santuario della Madonna di Novi Velia,** einer der wichtigsten Pilgerstätten Kampaniens. Wer Lust auf eine rund fünfstündige, anstrengende Wanderung hat, kann von Novi Velia den Gipfel auch zu Fuß erklimmen. Auf kleinen, kurvigen Straßen fährt man wieder zurück zur Küste nach **Pisciotta**, das sich für die Übernachtung anbietet ❯ S. 135.

Am nächsten Tag geht die Fahrt auf der Küstenstraße weiter in Richtung Süden nach **Palinuro** und zum **Capo Palinuro** ❯ S. 134. In der Umgebung des Felsenkaps kann man problemlos den ganzen Tag mit einer Bootstour zur Blauen Grotte, einem Tauchausflug oder einem Aufenthalt am Strand verbringen.

Unterwegs im Cilento

***Paestum ◼

Aus Sybaris in Kalabrien kommende griechische Kolonisten errichteten auf dem Areal im 7. Jh. v. Chr. die Stadt Poseidonia. Nach zwei Jahrhunderten Blütezeit – zu dieser Zeit entstanden auch die Tempel – wurde der Ort vom kalabresischen Bergvolk der Lukanier eingenommen und hieß von da an Paistom. Schnell übernahmen sie die griechische Kultur. 273 eroberten die Römer die Stadt. Die Leute aus Paestum gehörten zu den treuesten Anhängern Roms und lieferten Soldaten etwa in den Kriegen gegen Hannibal. Im Gegenzug wurde ihnen Privilegien eingeräumt, z.B. das Recht der eigenen Münzprägung.

Der Untergang Paestums ist den Naturgewalten zuzuschreiben. Das flache Gebiet versandete und versumpfte und wurde zu einer Brutstätte der Malaria. Wegen der Sumpffliege wurde Paestum nicht wie andere antike Stätten als Steinbruch ausgeschlachtet. Als man im 18. Jh. die Mündungsebene des Sele trockenlegte, fand man zwischen hohen Schilfgewächsen die drei Tempel, die neben dem Athener Parthenon als **die schönsten und bedeutendsten Tempelruinen gelten.** `Echt gut`

Das südliche Areal

Das Tempelgelände (9 Uhr bis 1 Std. vor Sonnenuntergang, Eintritt 4 €, mit Museum 6,50 €) besitzt drei Eingänge. An der Via

Sacra stehen die Tempel. Die **Basilika** (54 mal 25 m) ist der älteste. Da der Giebel eingestürzt war, hielten die Archäologen des 18. Jhs. das Bauwerk für eine Markthalle, eine sog. Basilika. Die Säulen sind bauchig, die Querbalken ruhen auf archaischen Kissenkapitellen. Man vermutet, dass der Tempel Hera, der Gemahlin des Zeus, gewidmet war.

Der **Poseidontempel** (60 mal 24 m) ist der imposanteste und **einer der am besten erhaltenen griechischen Tempel überhaupt.** Früher glaubte man, er sei Poseidon, dem Gott des Meeres, geweiht. Neuere Forschungen ergaben, dass es sich wie bei der Basilika um ein Heiligtum der Hera handelt. Der 450 v. Chr. entstandene Tempel wird Iktinos von Milet zugeschrieben, dem Architekten des Parthenon. Die Säulenkapitelle sind dorisch, Giebel und Architrav sind fast vollständig erhalten.

Nördlich des Poseidontempels beginnt der römische Teil der Via Sacra. Hier liegt das **Forum,** das in römischer Zeit an der Stelle der Agora (griechischer Marktplatz) angelegt wurde. Es weist die typischen (verfallenen) Gebäude des römischen Forums auf: eine Curia (Rathaus), Thermen und ein Kapitol. Dem Forum gegenüber liegt ein kleines **Amphitheater,** durch das die alte Staatsstraße verläuft.

Das nördliche Areal

An der Via Sacra kommt man zum ***Sacello Sotterraneo,** einem unterirdischen Heiligtum, das in der 2. Hälfte des 6. Jhs. v. Chr. entstanden sein dürfte. In seiner Mitte befindet sich ein kleines rechteckiges Gebäude mit flachem Giebeldach, komplett erhalten, da es total unter der Erde lag: Nachdem die Weihegaben im Inneren abgelegt worden waren, schüttete man es offenbar wieder zu; einen Zugang gab es nicht.

In Harmonie vereint: Tempelgelände und Landschaft von Paestum

Der kleinste Tempel mit je sechs Säulen an den Schmalseiten und 13 Säulen an den Längsseiten ist der **Cerestempel** (33 mal 15 m) am nördlichen Ende der Via Sacra. Er stammt aus dem 6. Jh. v. Chr. und wurde, da man einige Statuetten der Fruchtbarkeitsgöttin Ceres gefunden hatte, als ein ihr geweihter Tempel angesehen. Heute ordnet man ihn der Göttin Athene zu. Der hohe Giebel besaß ein reliefgeschmücktes Traufgesims, das sich allerdings im Museum befindet. Über dem quadratischen Sockel im Inneren stand die Cella (Raum für das Kultbild). An ihrer Südseite sind drei Gräber aus frühchristlicher Zeit, als der Tempel in eine Kirche umgewandelt wurde, zu sehen.

Die **Stadtmauer** (ein Rundgang dauert ca. 2 Std.) stammt teils aus griechischer, teils aus lukanischer Zeit und hat einen Umfang von 4750 m (5 und 7 m dick).

Das ****Museo Archeologico** enthält u.a. die einzigen erhaltenen Wandmalereien der griechischen Klassik. Sie waren ursprünglich in der Nekropole von Paestum (noch in Ausgrabung). Die berühmteste Darstellung, das Werk eines in Paestum geborenen griechischen Malers, zeigt den ****Tuffatore, einen Taucher, der gerade einen Kopfsprung macht** (5. Jh. v. Chr.). Außerdem zählen Vasen, Statuen, Münzen sowie kostbare Schmuckplatten aus den Tempelgiebeln, sog. ****Metopen,** zu den Beständen der Sammlung (tgl. 8.45–19.45 Uhr, jeden 1. und 3. Mo im Monat geschl., Eintritt 4 €, mit Tempeln 6,50 €).

Echt gut

Info

A.A.S.T

Via Magna Graecia 887 (neben dem Archäologischen Museum)
Tel. 08 28 81 10 16
www.infopaestum.it

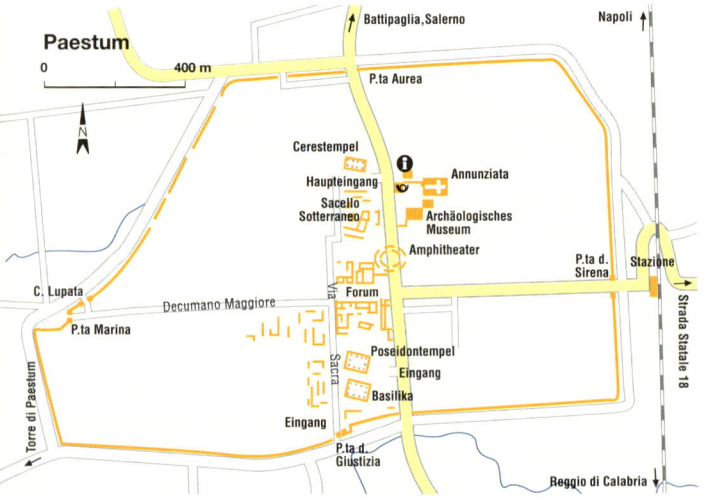

Verkehr

- **Bahnverbindugen:** Strecke Neapel–Reggio Calabria *(treno locale)*.
- **Busverbindungen:** nach Salerno.

Hotel

Calypso
Via Mantegna 63
Tel. 08 28 81 10 31
www.calypsohotel.com
Familiär, im Grünen gelegen, mit gutem Restaurant. Halbpension. ●●

Camping

Rund 25 Campingplätze gibt es in der Umgebung, meist in Meeresnähe, mit Pinienschatten.

Restaurants

- **Nonna Sceppa**
Via Laura 45][Capaccio-Paestum
www.nonnasceppa.com
Tel. 08 28 85 10 64
Das Restaurant liegt zwischen den antiken Tempeln und dem Sandstrand von Paestum. Der Küchenchef verwöhnt seine Gäste mit frischen Fischspezialitäten und traditionellen Gerichten aus dem Cilento. ●●
- **Ristorante Nettuno**
Zona Archeologica][Via Nettuno 2
Tel./Fax 08 28 81 10 28
www.ristorantenettuno.com
Traditionsreiches Lokal in der archäologischen Zone. Probieren Sie die *Crespelle!* ●●

Shopping

Tenuta Vannulo: Azienda Agricola Biologica Antonio Palmieri
Via G. Galilei 10
84040 Capaccio Scalo
Tel. 08 28 72 47 65
www.vannulo.it

Echt gut!

Hier gibt es den unvergleichlich köstlichen Mozzarella, das weiße Gold des Cilento, handgerupft und aus echter Büffelmilch hergestellt. Auf dem berühmten Landgut Vannulo kann man sogar den Käsemeistern bei der Mozzarella-Produktion zuschauen.

Agrópoli ②

Südlich von Paestum liegt auf einem Höhenzug am Südende des Golfs von Salerno der Ort Agrópoli. Reste der alten Stadtmauer, das Stadttor und das an höchster Stelle thronende **Kastell** stammen noch aus der Frühzeit der Stadt, die sich erst im 19. Jh. über die Grenzen der Stadtmauer ausdehnte. Heute ist die Umgebung von Agrópoli wegen der Strände zu beiden Seiten des Hügels ein besonders bei italienischen Familien beliebter Urlaubsort.

Castellabate ③

Der Badeort **Santa Maria di Castellabate** liegt an einem langen Sandstrand und hat sich in den letzten Jahren zu einem der beliebtesten Ferienorte des Cilento entwickelt. Sehenswert sind vor allem die Altstadt und der Fischerhafen mit den Kirchen **Santa Maria Assunta** und **Santa Maria a Mare.** Große Teile der Altstadt sind autofrei und laden zum Bummeln ein.

Vom Küstenort führt eine Serpentinenstraße rund 300 m hinauf nach **Castellabate, einem mittelalterlichen Kleinod,** das

Echt gut!

die Jahrhunderte fast unbeschadet überstanden hat. Mitten im Gassengewirr liegt die Basilika **Santa Maria de Gulia** aus dem 12. Jh. und nur wenige Schritte entfernt das **Museo d'Arte Sacra.**

Hotels

■ **Villa Sirio**
Via Lungomare de Simone 15
84048 Santa Maria di Castellabate
Tel. 09 74 96 10 99][www.villasirio.it
Elegantes kleines Hotel in einer Patriziervilla von 1904. Mitten im historischen Ortskern und doch direkt am Meer. Restaurant mit Meerblick. ●●●

■ **Hotel Sonia**
Santa Maria di Castellabate
Tel. 09 74 96 15 12
www.hotelsonia.it
37 Zimmer, großteils mit Balkon und Blick aufs Meer oder das historische Zentrum. Eigener Strand, das Restaurant serviert mediterrane Küche und Cilento-Spezialitäten. April–Okt. ●●

■ **Hotel Il Cefalo**
Via M. Passaro][Ogliastro Marina
Tel. 09 74 96 30 19][www.ilcefalo.it
Ogliastro Marina liegt südlich von Castellabate und der Punta Licosa. Kleines, familiär geführtes Hotel mit acht Zimmern am Sandstrand. **Hauseigenes Restaurant mit hervorragender Küche.** Möglichkeit zu Mountainbike-Touren, Reit- und Bootsausflügen. ●–●●

Casal Velino 4

Der Ort gliedert sich in das malerische **Casal Velino Paese** hoch über dem Tal und den Badeort **Marina di Casal Velino** am 7 km langen Sandstrand. Hier gibt es rund um die zentrale Piazza zahl-

reiche Restaurants, Bars und Cafés, einmal wöchentlich ist Markttag. Hoch über dem Ort thront der aus dem 12. Jh. stammende Sarazenenturm.

Südlich von Casal Velino liegt **Velia 5**, das auf die griechische Siedlung Elea zurückgeht. Noch vor Sokrates gab es hier eine bekannte philosophische Schule. Bis heute ist nur ein Bruchteil der antiken Siedlung ausgegraben, auf dem weitläufigen Gelände gibt es die Ruinen eines Theaters, eines ionischen Tempels sowie die sehenswerte Porta Rossa. Die Ruine auf dem nahen Hügel ist eine angiovinische Burg aus dem 16. Jh. (tgl. 9 Uhr bis Sonnenuntergang).

Hotels

■ **Rustico Tanzola**
Casal Velino
Buchung über www.italimar.com
Liebevoll restauriertes Naturstein-Rustico mit traumhaftem Blick (bis 4 Pers.). Restaurant und Pool nur 5 Min. zu Fuß im Landgut Zio Cristofero. ●●

■ **Canale 1861**
San Mauro Cilento
Buchung über www.italimar.com
Freistehendes Naturstein-Landhaus (bis 5 Pers.) mit Terrasse und Traumpanorama. Gehobener Komfort, 10 Automin. zum Strand von Acciaroli. ●●

■ **Domus Olearia**
Via Trebozio 1
Marina di Casal Velino
Tel. 09 74 90 73 49
Buchung über www.italimar.com
Zehn modern eingerichtete Ferienwohnungen mit Terrasse/Balkon in Strandnähe inmitten eines Parks mit Olivenbäumen. Perfekt für Familien. ●–●●

■ **Ristorante Le Tre Sorelle**
Via Roma 48][Casal Velino
Tel. 09 74 90 20 24
Feine Küche in gediegenem Ambiente, freundlicher Familienbetrieb, unbedingt die Fisch-Antipasti probieren. ●●

■ **Ristorante Morgana**
Via Angelo Lista 42
Marina di Casal Velino
Tel. 09 74 90 77 44
Im Hotel Il Porto. Auf einer schattenspendenden Pergolaterrasse mit Blick auf den Hafen kann man hervorragende Fischgerichte genießen. ●●

■ **Ristorante Pizzeria Da Camillo**
Via Velia][Marina di Casal Velino
Tel. 09 74 90 78 90
Exzellente Holzofenpizza für die ganze Familie gibt es bei Camillo. ●

Palinuro 6

Die Steilküste am Kap von Palinuro ist von Wind und Wellen zerfressen, in ihr **verstecken sich mehr als 30 teils spektakuläre Höhlen.** Die bekannteste ist die **Blaue Grotte,** die es durchaus mit ihrer berühmteren Schwester auf Capri aufnehmen kann. Doch hier herrscht viel weniger Trubel und man kann sich das Naturschauspiel in aller Ruhe ansehen. Besichtigungstouren per Boot zur Blauen Grotte und anderen Höhlen starten regelmäßig im Hafen.

Das felsige Capo Palinuro fällt zwar steil ins Meer ab und bietet nur wenige Bademöglichkeiten, doch wer baden möchte, muss nicht lange suchen, denn entlang der gesamten Küste gibt es zahlreiche wunderschöne Sandsträn

Höhle am Kap von Palinuro

de. Auch um den **Porto Turistico** von Palinuro gibt es einen Sandstrand. Nur mit dem Boot ist der Traumstrand **Spiaggia del Buondormire,** der Strand zum guten Schlaf, zu erreichen.

Folgt man der kurvigen Küstenstraße einige Kilometer nach Süden, kommt man zum **Arco Naturale,** einem von den Wellen ausgehöhlten Natursteinbogen.

Hotel Marulivo
Via Castello][84066 Pisciotta
Tel. 09 74 97 37 92
www.marulivohotel.it
Mitten in der Altstadt von Pisciotta in einem alten Kloster. Elf Zimmer um einen Innenhof. Dachterrasse mit Blick auf Meer und Altstadtgassen. Kein Zimmer gleicht dem anderen, mediterrane Möbel und einzigartiges Flair. ●●

Das felsige Kap von Palinuro mit vielen Höhlen ist **ein perfektes Tauchrevier.** **Pesciolino Sub** (Tel. 09 74 93 84 47, www.palinuritravel.it) bietet Kurse und geführte Tauchgänge.

Special

Nationalpark Cilento

Das Paradies jenseits von Paestum

Immer noch enden viele Kampanien-Reisen bei Paestum. Zu Unrecht, erwacht der Cilento doch langsam aus seinem Dornröschenschlaf. Die große Halbinsel im Süden der Provinz Salerno muss landschaftliche Vergleiche mit den spektakulären Küsten Capris oder der Amalfitana nicht scheuen. Den grünen Kontrast zum türkisblauen Meer bilden Olivenhaine auf terrassierten Hügeln. Tiefe Talschluchten mit kristallklaren Flüssen durchziehen bewaldete Berghöhen. Fischotter und Wolf haben sich in diesem Wanderparadies noch ein Refugium bewahrt. In den Bergdörfern und auch in einigen Hafenstädtchen sind die Uhren zwar nicht stehen geblieben, doch ticken sie hier viel langsamer als anderswo.

    Über 180 000 ha stehen seit 1991 als »Parco Nazionale del Cilento e Vallo di Diano« unter Schutz, damit ist es der zweitgrößte Nationalpark Italiens. Die UNESCO hat den Cilento 1998 in die Listen der Biosphärenreservate und des Weltkulturerbes aufgenommen. Die Weichen sind heute auf »sanften Tourismus« gestellt. Wer Ruhe, intakte Natur und noch unverfälschte Gastfreundschaft sucht, findet sie hier.

Parco Nazionale del Cilento e Vallo di Diano
Piazza Santa Caterina 8
84078 Vallo della Lucania
Tel. 09 74 71 99 11
www.cilentoediano.it

Cucina di terra, cucina di mare

Die geografische Lage des Cilento – eine Halbinsel zwischen Land und Meer – spiegelt sich auch in seiner Küche wider. Ausgezeichnete Produkte, wie *Olio Extra Vergine* aus Pisciotta-Oliven, würzige

Käsesorten, sonnengereiftes Gemüse, frischer Fisch und Meeresfrüchte, bilden die Basis gesunder und bodenständig gebliebener Gerichte. Dabei spielen die Agriturismo-Betriebe eine wichtige Rolle, denn sie produzieren Öl und Wein, Käse, Salami, Brot und Honig in hervorragender Qualität und bereiten daraus für die Gäste typisch cilentanische Gerichte.

Übernachten von fürstlich bis ländlich

Das breite Angebot der Unterkünfte im Cilento spannt sich vom Strandhotel über den rustikalen Agriturismo bis hin zum Adelspalazzo.

■ **Palazzo Belmonte**
Via Flavio Gioia 25
84072 Santa Maria di Castellabate
Tel. 09 74 96 02 11
www.palazzobelmonte.
com
In den Monaten Mai bis Oktober öffnet der Prinz von Belmonte seinen Palazzo aus dem 17. Jh. zahlenden Gästen. Ein idealer Ort zum Entspannen! Das Haus liegt von einem großen Park umgeben mitten im hübschen Küstenort Santa Maria di Castellabate. ●●●

■ **Il Mulino**
Via Monaco
Cannicchio di Pollica
Tel. 09 74 90 43 32
Buchung über Italimar
Ein Agriturismo wie aus dem Bilderbuch oberhalb von Acciaroli (3,5 km).

Luisa verwöhnt die Gäste mit ihren Kochkünsten, fast alle Zutaten stammen aus eigenem Anbau, ihr Mann Giuseppe steuert den frisch gefangenen Fisch bei. Ob frische Antipasti oder Ravioli und Fusilli, Luisa bereitet ihre Cilento-Spezialitäten nach alten Familienrezepten zu. Außer im Juli und August findet jeweils mittwochs ein Kochkurs statt. Wer Lust auf einen längeren Aufenthalt hat, kann sich in einem der Zimmer bei Luisa und Giuseppe einquartieren. ●—●●

■ **Italimar**
Klarastr. 46][50823 Köln
Tel. 02 21/4 24 94 22
www.italimar.com
Deutsch-italienische Agentur, die eine Vielzahl von Top-Ferienwohnungen und Agriturismo-Unterkünfte im Cilento anbietet, Aktiv-Urlaube und Ausflüge zu Wasser und zu Land organisiert und mit Rat und Tat zur Seite steht.

Zum Gipfel des Monte Gelbison

Der Monte Gelbison, auch Monte Sacro genannt, überragt mit 1705 m die Küste des Cilento-Nationalparks. Auf seinem Gipfel steht ein beleuchtetes, weithin sichtbares Kreuz, das den Weg zum Kloster weist. Jedes Jahr pilgern Tausende Gläubige auf den Gipfel zur Madonna von Velia und genießen den traumhaften Ausblick. Das Santuario öffnet am ersten Sonntag im Mai und schließt Ende Oktober. Mit dem Auto gelangt man über eine Gebirgsstraße bis fast zum Gipfel.

Für das leibliche Wohl sorgen das **Ristorante Zi Michele** sowie das **Ristorante San Giuseppe**. Auf rund 1000 m kommt man an der 100-jährigen Holzhütte **La Baita** vorbei, die Gäste mit einfachen und günstigen Gerichten verwöhnt. Vor allem die Einheimischen legen auf ihrem Weg zum Gipfel hier gern einen Stopp ein.

Infos von A–Z

Auto- und Motorradfahrer
Führerschein und Fahrzeugschein sind obligatorisch, das Mitführen der Grünen Versicherungskarte ist als Nachweis und für eine einfachere Schadensabwicklung empfehlenswert. Zulässige Höchstgeschwindigkeiten: Autobahn 130 km/h (bei Nässe 110 km/h), Schnellstraße 110 km/h (bei Nässe 90 km/h), Landstraße 90 km/h, innerorts 50 km/h. Angeschaltetes Abblendlicht ist außerorts auch tagsüber Pflicht, ebenso das Mitführen einer Warnweste bzw. deren Tragen bei Unfall oder Panne. Promillegrenze: 0,5. Motorradfahrer müssen einen genormten Schutzhelm (ECE R22) tragen, bei Zuwiderhandlung kann die Polizei das Motorrad bis zu einem Monat beschlagnahmen.

Diplomatische Vertretungen
■ **Deutsches Generalkonsulat**
Via Francesco Crispi 69, 80121 Napoli
Tel. 08 12 48 85 11
Fax 08 17 61 46 87
www.neapel.diplo.de
■ **Österreichisches Honorarkonsulat**
Via Ricciardi 10, 80142 Napoli
Tel./Fax 08 15 53 43 72
consolatoaustria.napoli@gmail.com
www.aussenministerium.at/rom
■ **Schweizerisches Konsulat**
Via Consalvo Carelli 7, 80128 Napoli
Mobil-Tel. 33 58 31 52 57
Fax 08 15 78 55 94
napoli@honrep.ch
www.eda.admin.ch/roma

Einreise
Das Mitführen eines gültigen Reisepasses oder Personalausweises (Kinderausweis bis 16 Jahre) ist für EU-Bürger und Schweizer Pflicht, Grenzkontrollen gelten für Schweizer.

Feiertage
1. Jan. Neujahr *(Capodanno);* **6. Jan.** Dreikönige *(Befana);* **25. April** Tag der Befreiung *(Festa della Liberazione);* **Ostersonntag/-montag** *(Pasqua e Pasquetta);* **1. Mai** Tag der Arbeit *(Festa del Lavoro);* **2. Juni** Tag der Republik *(Festa della Repubblica);* **15. Aug.** Mariä Himmelfahrt *(Ferragosto);* **1. Nov.** Allerheiligen *(Tuttisanti);* **8. Dez.** Mariä Empfängnis *(Immacolata Concezione);* **25./26. Dez.** Weihnachten *(Natale e Santo Stefano).*

Geld
Mit Bankkarte und PIN-Code kann man an Bankautomaten *(Bancomat)* rund um die Uhr in der Regel bis zu 500 € auf einmal abheben, wobei jeweils eine Gebühr von ca. 5 € anfällt. Kreditkarten akzeptieren die meisten Hotels, Restaurants und Geschäfte.

Haustiere
Für die Mitnahme von Hunden und Katzen nach Italien ist der EU-Heimtierpass erforderlich, inkl. Tollwutimpfung (mind. 30 Tage und max. 12 Monate alt) sowie Kennzeichnung mit Mikrochip. In vielen Hotels, vor allem in Kurbetrieben auf Ischia, ist das Mitbringen von Hunden nicht gestattet, die Mitnahme von Leine und Maulkorb ist obligatorisch.

Information
Im Heimatland informieren die Büros der Italienischen Zentrale für Tourismus, ENIT – Agenzia Nazionale del Turismo, www.enit.it:
■ **ENIT Deutschland:** Barckhausstr. 10, 60325 Frankfurt/Main,
Tel. 0 69/23 74 34, Fax 0 69/23 28 94, frankfurt@enit.it

■ **ENIT Österreich:** Mariahilfer Str. 1b, Mezzanin - Top XVI, 1060 Wien, Tel. 01/5 05 16 39, Fax 01/5 05 02 48, vienna@enit.it

■ **ENIT Schweiz:** Uraniastr. 32, 8001 Zürich, Tel. 0 43/4 66 40 40, Fax 0 43/4 66 40 41, zurich@enit.it

■ **In Neapel: Ente Provinciale per il Turismo (E.P.T.),** Zentrale: Piazza dei Martiri 58, 80121 Napoli, Tel. 08 14 10 72 11, Fax 0 81 40 19 61, www.eptnapoli.info

Azienda Autonoma di Soggiorno e Turismo (A.A.S.T.)
Zentrale: Palazzo Reale, 80132 Napoli, Tel. 08 12 52 57 11, Fax 0 81 41 86 19 Weitere Büros des Städtischen Fremdenverkehrsamts › S. 50.

■ **Am Golf von Neapel:** In vielen Orten helfen **Büros der A.A.S.T.** bei der Unterkunftssuche und bei Fragen nach Öffnungszeiten, Sportangeboten etc. Die Informationsstellen sind im Winterhalbjahr in der Regel Mo–Sa 8.30–12, im Sommer bis 20 Uhr geöffnet.

Internet
In allen Städten und Touristenorten am Golf gibt es inzwischen Internetcafés, auch bieten die meisten Hotels und B&Bs ihren Gästen einen Webzugang an. Verzeichnis für Kampanien: www.cybercafe.it.

Medizinische Versorgung
Bei kleineren Verletzungen kann man sich in die Erste-Hilfe-Station *(Pronto Soccorso)* eines Krankenhauses begeben. Für eine umfangreichere Behandlung benötigt man die Europäische Krankenversicherungskarte (EHIC). Damit kann ein der ASL *(Azienda Sanitaria Locale)* angeschlossener Spezialist aufgesucht werden.

Ärzte und Krankenhäuser bestehen aber oft auf Barzahlung, wofür man unbedingt eine detaillierte Rechnung zur Kostenerstattung verlangen sollte.

Sehr zu empfehlen ist der Abschluss einer privaten Reisekrankenversicherung, die gfs. auch einen medizinisch notwendigen Rücktransport abdeckt.

Netzspannung
220 Volt; Schukostecker passen selten. Zwischenstecker gibt es bei der Hotelrezeption oder im Fachhandel.

Notruf
■ **Polizei und Unfallrettung:** Tel. 112
■ **Feuerwehr:** Tel. 115
■ **Erste Hilfe:** Tel. 118
■ **Pannenhilfe** *(Soccorso ACI):* Tel. 116 bzw. 80 31 16, für Inhaber von Auslandsschutzbriefen, Mitglieder von Automobilclubs, die mit dem ACI kooperieren.

Öffnungszeiten
■ **Geschäfte** sind in der Regel Mo–Fr 9–13 und 16.30–19.30 Uhr, Sa ganztags geöffnet, Mo vormittags geschlossen (außer Lebensmittelläden, die Do nachmittags schließen).
■ **Museen,** vor allem die staatlichen, öffnen meist Di–So 9–19 Uhr, Mo oder Mi ist oft Ruhetag.
■ **Kirchen:** 7–12 und 15–19 Uhr.
■ **Banken:** Mo–Fr 8.30–13.30 Uhr und 1–2 Std. nachmittags (außer Sa).
■ **Postämter:** Mo–Fr 8.30–13.30 Uhr, Hauptpost bis 19, Sa bis 11.45 Uhr.
■ **Tankstellen:** 7–12.30, 15–19 Uhr (auf Autobahnen ganztags); So und Fei hat meist eine Tankstelle pro Ort Dienst; z.T. gibt es Tankautomaten, die mit 10-€-Scheinen funktionieren.

Post
Postämter sind für Post, Telegrafie und div. Zahlungsverkehr zuständig (nicht Telefonwesen). Briefmarken *(francobolli)* verkaufen auch die Tabakläden *(Tabacchi).* Das Porto von Italien in EU-Länder und die Schweiz beträgt für Briefe (bis 20 g) und Postkarten 0,70 €.

Rauchen

In Italien herrscht in allen öffentlichen Gebäuden Rauchverbot, ebenso in Bars, Restaurants, Diskotheken etc.

Sicherheit

Die Gefahr, Opfer von Dieben zu werden, ist im sozialen Brennpunkt Neapel natürlich besonders groß. Als Maßnahme gegen Straßenräuber auf Mopeds sind in der historischen Altstadt seit 2005 *motorini* verboten, doch nicht jeder hält sich an das Verbot.

Diebstahl selbst vorbeugen kann man, wenn man Folgendes beachtet: Wenn der Wagen an der Straße abgestellt ist, sollte man keine Wertgegenstände, Gepäckstücke u.a. Gegenstände darin lassen, das Autoradio im Hotel deponieren und das Handschuhfach öffnen, um zu zeigen, dass sich darin nichts befindet. Bei einem Besichtigungsbummel durch Neapel sollte man keine Hand- oder Schultertaschen bzw. Rucksäcke, keinen wertvollen Schmuck und keine größeren Geldbeträge mit sich führen und das nötige Bargeld in Innen-, Gürteltaschen o.Ä. verstauen.

⚠️ Neapel ist Italiens Zentrum der Produktpiraterie. Auch den Käufern **gefälschter Markenartikel** drohen hohe Strafen von bis zu 10 000 € Bußgeld.

Telefon/Handy

Öffentliche Fernsprecher funktionieren mit Telefonkarten *(scheda telefonica)* zu 2,50 bzw. 5 €; erhältlich bei Postämtern und Tabakläden.

Das italienische Mobilfunknetz bietet die Standards GSM 900 und GSM 1800, das eigene **Handy** *(telefonino)* funktioniert auch mit Prepaidkarte problemlos. Nach den Tarifen sollte man sich aber vorab beim jeweiligen Anbieter erkundigen.

In Italien muss man auch innerorts die mit 0 beginnende **Ortskennziffer** (z.B. 0 81 für Neapel) als Bestandteil der Festnetztelefonnummer mitwählen, Handynummern beginnen ohne »0«.

Internationale Vorwahlen nach Italien 00 39, nach Deutschland 00 49, nach Österreich 00 43, in die Schweiz 00 41 (vor der jeweiligen Ortsnetzkennzahl ohne »0«).

Die Rufnummer für die **nationale Telefonauskunft** in ganz Italien: Tel. 12, für die internationale: Tel. 176.

Trinkgeld

In Restaurantrechnungen kann das Bedienungsgeld als *servizio* bereits ausgewiesen sein (nicht *pane e coperto*, das ist der Betrag fürs Gedeck). Anderenfalls ist es üblich, 5–10 % der Rechnungssumme als *mancia* auf dem Tisch liegen zu lassen. In Bars legt man eine Münze auf den *scontrino* (Kassenzettel) – die Pflicht diesen aufzubewahren, gilt noch bis zu einer angekündigten Gesetzesänderung. Auch im Hotel und für Reiseführer vor Ort sind Trinkgelder üblich.

Zoll

Für EU-Bürger gibt es keine Einfuhrbeschränkungen mehr. Als Anhaltswerte für persönlichen Bedarf gelten folgende Höchstmengen: 800 Zigaretten, 200 Zigarren, 10 l Spirituosen, 90 l Wein pro Person. Für Schweizer sind 200 Zigaretten oder 50 Zigarren, 1 l Spirituosen, 2 l Wein, Souvenirs und Geschenke bis zu 300 CHF zollfrei.

Urlaubskasse	
Tasse Kaffee	0,70–1 €
Softdrink (Cola, Wasser)	2–3 €
Glas Bier	2–4 €
Snack (Panino, Pizza)	2–5 €
Kugel Eis	0,70 €
Taxifahrt (10–12 km)	15–20 €
Mietwagen/Tag	50 €

Register

Bildnachweis

Peter Amann: U2-Top12-6, 13, 31, 48, 54, 86, 89, 136; APA Publications/Phil Wood: U2-Top12-1, U2-Top12-3, U2-Top12-7, 2-1, 11, 17, 27, 30, 41, 52, 59, 61, 74, 79, 81, 85, 90, 100, 105, 111, 121, 122; Bildagentur Huber/M. Carassale: U2-Top12-9; Bildagentur Huber/ Gräfenhain: 9, 82, 93, 102, 107,117; Bildagentur Huber/M. Pignatelli: 56; Bildagentur Huber/G. Simeone: U2-Top12-4, 6/7; Bildagentur Huber/Spila Riccardo: 126; Fotolia/ DaniloAscione: 2-3; Fotolia/Markus Hofmann: 49; Fotolia/Maurizio Malangone: U2-Top12-10, 36/37; Fotolia/spencerprice: 2-2; Fotolia/Enrico de Vita: U2-Top12-8; Ralf Freyer: 38; Rainer Hackenberg: 99; Hotel Bellevue Syrene: 112; laif/Celentano: 22/23, 32, 34, 96, 124, 131, 135; laif/Fulvio Zanettini: 62; Sabine von Loeffelholz: U2-Top12-5, 16, 44, 65, 69, 72; LOOK-foto/Jan Greune: 114; LOOK-foto/Sabine Lubenow: 20; Christian Nowak: U2-Top12-2, U2-Top12-11, U2-Top12-12, 14, 18, 119; Wikipedia/goldenancy: 46.

Liebe Leserin, lieber Leser,
wir freuen uns, dass Sie sich für diesen POLYGLOTT on tour entschieden haben. Unsere Autorinnen und Autoren sind für Sie unterwegs und recherchieren sehr gründlich, damit Sie mit aktuellen und zuverlässigen Informationen auf Reisen gehen können. Dennoch lassen sich Fehler nie ganz ausschließen. Wir bitten Sie um Verständnis, dass der Verlag dafür keine Haftung übernehmen kann.

Ihre Meinung ist uns wichtig. Bitte schreiben Sie uns:
TRAVEL HOUSE MEDIA GmbH, Redaktion POLYGLOTT, Grillparzerstraße 12, 81675 München, redaktion@polyglott.de
www.polyglott.de

© **2014 TRAVEL HOUSE MEDIA GmbH München**
3. unveränderte Auflage
Dieses Buch wurde auf chlorfrei gebleichtem Papier gedruckt.
ISBN 978-3-8464-0755-4

Alle Rechte vorbehalten. Nachdruck, auch auszugsweise, sowie die Verbreitung durch Film, Funk, Fernsehen und Internet, durch fotomechanische Wiedergabe, Tonträger und Datenverarbeitungssysteme jeglicher Art nur mit schriftlicher Genehmigung des Verlages.

Bei Interesse an maßgeschneiderten POLYGLOTT Produkten:
Tel. 089/450 00 99 12
veronica.reisenegger@travel-house-media.de

Bei Interesse an Anzeigen:
KV Kommunalverlag GmbH & Co KG
Tel. 089/928 09 60
info@kommunal-verlag.de

Verlagsleitung: Michaela Lienemann
Redaktionsleitung: Grit Müller
Autoren: Kienlechner, Christian Nowak und Peter Amann (Specials)
Neukonzeption: Christian Nowak
Redaktion: Annette Pundsack, Redaktion A–Z, Köln
Bildredaktion: Annette Pundsack, Ulrich Reißer
Layout: Ute Weber, Geretsried
Titeldesign-Konzept: Studio Schübel Werbeagentur GmbH, München
Karten und Pläne: Kartographie Huber und Kartografie TRAVEL HOUSE MEDIA GmbH, München
Satz: Annette Pundsack, Ute Weber
Druck und Bindung: Firmengruppe APPL, aprinta druck, Wemding

PEFC
PEFC/04-32-0028

TRAVEL HOUSE MEDIA

Ein Unternehmen der
GANSKE VERLAGSGRUPPE

Langenscheidt Mini-Dolmetscher Italienisch

Allgemeines

Guten Tag.	Buongiorno. [buond**seho**rno]
Hallo!	Ciao! [**tscha**o]
Wie geht's?	Come sta? [**ko**me sta]
Danke, gut.	Bene, grazie. [**bä**ne **gra**zje]
Ich heiße ...	Mi chiamo ... [mi **kja**mo]
Auf Wiedersehen.	Arrivederci. [arri**we**der tschi]
Morgen	mattina [**ma**ttina]
Nachmittag	pomeriggio [pome**rid**seho]
Abend	sera [**ße**ra]
Nacht	notte [**no**tte]
morgen	domani [do**ma**ni]
heute	oggi [**od**sehi]
gestern	ieri [**jä**ri]
Sprechen Sie Deutsch?	Parla tedesco? [**pa**rla te**de**sko]
Wie bitte?	Come, prego? [**ko**me **prä**go]
Ich verstehe nicht.	Non capisco. [non ka**pi**sko]
Sagen Sie es bitte nochmals.	Lo può ripetere, per favore. [lo puo ri**pä**tere per fa**wo**re]
..., bitte.	..., per favore. [per fa**wo**re]
danke	grazie [**gra**zje]
Keine Ursache.	Prego. [**prä**go]
was / wer / welcher	che / chi / quale [ke / ki / **kua**le]
wo / wohin	dove [**do**we]
wie / wie viel	come / quanto [**ko**me / **kua**nto]
wann / wie lange	quando / quanto tempo [**kua**ndo / **kua**nto **tä**mpo]
warum	perché [per**ke**]
Wie heißt das?	Come si chiama? [**ko**me ßi **kja**ma]
Wo ist ...?	Dov'è ...? [do**wä**]
Können Sie mir helfen?	Mi può aiutare? [mi puo aju**ta**re]
ja	sì [ßi]
nein	no [no]
Entschuldigen Sie.	Scusi. [**sku**si]
Gibt es hier eine Touristeninformation?	C'è un ufficio di turismo qui? [tsch**ä** un uf**fi**tscho di tu**ri**smo kui]
Haben Sie einen Stadtplan?	Ha una pianta della città? [a **u**na **pja**nta **de**lla tsch**i**tta]
Wann ist ... geöffnet?	A che ora è aperto (m.) / aperta (w.) ...? [a **ke** ora ä a**pä**rto / a**pä**rta]
das Museum	il museo (m.) [il mu**se**o]

Shopping

Wo gibt es ...?	Dove posso trovare ...? [**do**we **po**sso tro**wa**re]
Wie viel kostet das?	Quanto costa? [**kua**nto **ko**sta]
Wo ist eine Bank?	Dov'è una banca? [do**wä** una **ba**ngka]
Ich suche einen Geldautomaten.	Dove posso trovare un bancomat? [**do**we **po**sso tro**wa**re un bang**ko**mat]
Geben Sie mir 100 g Käse / zwei Kilo Pfirsiche	Mi dia un etto di formaggio / due chili di pesche. [mi **di**a un **ä**tto di for**mad**seho / **du**e **ki**li di **pä**ske]
Wo kann ich telefonieren / eine Telefonkarte kaufen?	Dove posso telefonare / comprare una scheda telefonica? [**do**we **po**sso telefo**na**re / kom**pra**re una s**ke**da tele**fo**nika]

Essen und Trinken

Die Speisekarte, bitte.	Il menu per favore. [il **me**nu per fa**wo**re]
Brot	pane [**pa**ne]
Kaffee	caffè / espresso [kaff**ä** / es**prä**sso]
Tee	tè [tä]
mit Milch / Zucker	con latte / zucchero [kon **la**tte / **zu**kkero]
Orangensaft	succo d'arancia [**su**kko da**ra**ntscha]
Mehr Kaffee, bitte.	Un altro caffè, per favore. [un **a**ltro kaff**ä** per fa**wo**re]
Suppe	minestra [mi**nä**stra]
Nudeln	pasta [**pa**sta]
Fisch / Meeresfrüchte	pesce / frutti di mare [**pe**sche / **fru**tti di **ma**re]
Fleisch	carne [**ka**rne]
Geflügel	pollame [**po**llame]
Beilage	contorno [kon**to**rno]
vegetarische Gerichte	piatti vegetariani [**pja**tti wed**seh**eta**rja**ni]
Ei	uovo [**uo**vo]
Salat	insalata [in**ßa**lata]
Dessert	dolci [**do**ltschi]
Obst	frutta [**fru**tta]
Eis	gelato [d**seh**e**la**to]
Wein	vino [**wi**no]
Bier	birra [**bi**rra]
Wasser	acqua [**a**kua]
Mineralwasser	acqua minerale [**a**kua mine**ra**le]
mit / ohne Kohlensäure	gassata / naturale [ga**ssa**ta / natu**ra**le]
Ich möchte bezahlen.	Il conto, per favore. [il **ko**nto per fa**wo**re]